LA
MORT AUX PROCÈS.

DE L'IMPRIMERIE DE CELLOT.

LA
MORT AUX PROCÈS;

OUVRAGE DESTINÉ A PERFECTIONNER LA PROCÉDURE CIVILE, A DÉTRUIRE LE GERME DES NEUF DIXIÈMES DES PROCÈS, ET A RENDRE PRESQU'INSENSIBLE LE MAL DU DIXIÈME, A PEU PRÈS, QU'ON NE PEUT ÉVITER.

L'ordre naît du désordre, et le bien du mal.

A PARIS,

CHEZ MARADAN, LIBRAIRE,
RUE DES GRANDS-AUGUSTINS, N°. 9.

M. DCCC. XI.

Je regarderai et poursuivrai comme exemplaires de contrefaçon, tous ceux qui ne seront pas revêtus de ma signature et d'un numéro particulier.

LA
MORT AUX PROCÈS.

—

PRÉAMBULE.

Les maladies pestilentielles ne sont, par bonheur, que momentanées.

Les procès sont une peste continuelle, qui semble incurable, parce qu'il y a des officiers publics intéressés et acharnés à les entretenir, et qui savent les décupler, à Paris surtout ; car ailleurs, grâce au ciel, le mal n'est pas si violent.

Est-il vrai qu'à Paris neuf dixièmes des procès, à peu près, n'existent que par humeur ou par la cupidité des officiers ministériels, et pour leur seul profit, et qu'il y a un moyen infaillible pour en détruire le germe ?

Oui, cela est vrai ; et ce moyen consisterait uniquement à adopter partout la forme de procéder si simple de la cour de cassation : dès lors les neuf dixièmes des procès disparaîtraient, et le mal du dixième, inévitable, deviendrait presqu'insensible.

Qu'on fasse bien attention que ce n'est pas là un système; il faudrait seulement, entre deux formes de procéder usitées dans l'empire, étendre partout celle qui laisse aux procès toute leur clarté, pour faire bonne et prompte justice, et ne ruine personne; et éloigner celle qui obscurcit, éternise tout, et empêche presque sans cesse d'apercevoir qui a tort ou raison, et ruine tout le monde.

Celui qui démontrerait la possibilité certaine de ce bien, rendrait le plus grand service pour la tranquillité de ses semblables, et contribuerait à rehausser la gloire du plus grand règne, si elle n'était déjà au plus haut période.

Ceux qui refuseraient d'écouter cette idée, de l'examiner, prouveraient qu'ils ne s'occupent que d'ambition et de plaisirs, ne vivent que de désordres, et ne connaissent ni devoirs ni humanité.

Il y a long-temps que les observateurs ont vu que la multitude des procès augmente en raison du nombre plus ou moins grand des officiers ministériels, surtout parce qu'ils ont la funeste faculté de commencer des procès à tort et à travers, et parce que ces officiers, institués pour travailler les procès, doivent vivre aux dépens des procès. Il faut donc qu'ils en aient, et s'ils n'en ont pas, ils savent en créer.

Avant d'entrer en matière, pour montrer mes différentes preuves, je citerai un fait si frappant qu'il fournirait seul l'évidence.

Il y a trois ans, l'on comptait à Paris deux cent soixante-deux avoués en première instance, où tous les procès commencent; et jusqu'alors on avait vu, sur les rôles, huit à neuf mille procès par an: on réduisit les avoués à cent cinquante, c'est-à-dire qu'on en élimina près de la moitié ; aussitôt les procès de cupidité ont diminué de près de moitié ; car, l'année dernière, les rôles n'en ont pas présenté, tant s'en faut, cinq mille, sans qu'on puisse dire que c'est le code de procédure, ni le tarif nouveau, qui ont causé cette diminution des procès, parce qu'ils n'ont pas diminué le nombre des actions, et l'on verra si même ils ont diminué les frais.

L'intrépidité des officiers ministériels pour faire des procès à leur seul profit, est telle qu'ils osent et oseront toujours en créer, surtout contre celui qui voudra les en empêcher ; fût-ce le juge, ils plaideront en son nom, sans son ordre ; s'il raisonne, ils le ruineront, ils sauront encore, afin qu'il ne soit pas écouté, et pour lui nuire partout, intercepter sa défense, en menaçant leur confrère qui occupera pour lui, et l'avocat qui devra le défendre, et dont le sac est à leur merci. Ils sauront même le faire appeler *processif,* par la foule infinie de leurs cliens, qui est forcée de leur donner sa confiance, qu'ils maîtrisent et peuvent ameuter quand ils veulent : on ne s'aperçoit pas assez qu'ils sont dans un état la première puissance, quoique cela soit prouvé par une multitude d'évènemens effrayans rapportés dans l'histoire.

Prédiction de Louis XII.

Louis XII disait qu'il frissonnait quand il passait au Palais, à côté de quelque porte-sac. Il prophétisa que ses prédécesseurs, en créant les suppôts du Palais, avaient préparé la chute de leur empire, surtout parce qu'il n'eut pas le temps de terminer et mettre en vigueur les lois qui devaient y remédier. Ses successeurs en ont souffert jusqu'à ce que le dernier de sa dynastie a perdu son trône et sa vie.

La prudence de la nouvelle dynastie ne saurait trop faire pour s'en mettre à l'abri. Il me semble que ce que je dirai peut lui en assurer le moyen.

Voyons donc si je ne montrerai pas des preuves de ces excès, et si je n'indiquerai pas une mesure qui, bien conçue et vigoureusement exécutée, préviendrait le nombre infini des procès suscités par humeur, ou par cupidité, et ferait juger avec simplicité le petit nombre de procès inévitables.

Précautions.

La nature et l'ordre social commandent de ne pas attendre les maux qu'on doit craindre, et de faire tout ce qu'on peut pour les éviter.

Nous travaillons pour nous nourrir, nous couvrir, et pour éviter les souffrances.

Le propriétaire ferme sa porte, pour se mettre à l'abri de l'intempérie du temps, pour empêcher qu'on ne lui vole ce qu'il croit nécessaire à ses besoins, et pour reposer sans trouble.

La médecine a son hygiène qui, sans

attendre les maladies pour les guérir, a pour but de les empêcher d'arriver, en prenant des précautions : par exemple, la vaccine ne fait qu'aller au-devant d'un fléau qui ravageait l'espèce humaine.

Il est même juste de saisir cette belle occasion, pour publier que la philanthropie et le désintéressement que les médecins montrent dans tous les coins de l'empire, en propageant, en déifiant la vaccination, malgré qu'elle tarisse une des premières sources de leurs bénéfices, les vengent hautement des déclamations irréfléchies qu'on se permet, en disant qu'ils martyrisent souvent leurs semblables par cupidité. Ce reproche ne peut être adressé qu'à quelques ignorans avides, comme il s'en trouve dans toutes les professions, qui doivent s'estimer heureuses quand ceux qui les avilissent ne sont pas en majorité.

En matière criminelle, l'expérience a fait créer une police administrative, qui, sans attendre les crimes, pour éviter les

malheurs qui les suivent, et la douleur de
les punir, reste jour et nuit en surveillance,
afin de les empêcher d'arriver, et qui
montre sans cesse des peines terribles à
ceux qui seraient tentés d'en commettre,
et tout cela, uniquement et toujours, afin
que les crimes se multiplient le moins
possible.

Pourquoi, en matière civile, ne pren-
drait-on pas aussi des précautions pour
prévenir les procès civils, qui causent tant
de malheurs physiques et moraux, qui
tourmentent sans cesse une partie des
hommes, et font craindre toujours à l'autre
partie une souffrance, telle que celle des
chancres les plus dévorans et les plus incu-
rables ?

Pourquoi donner à une poignée d'hommes la faculté de commencer et suivre les
procès, quand ils ont le plus grand intérêt
à les multiplier, à les grossir, qui ne demandent que des prétextes, qui ne songent
pas qu'il faudrait tout au moins qu'il y eût

toujours quelque légère question à faire décider, et qui, au contraire, lorsqu'elle existe, la noient en faisant des frais, et qui encore font ensuite des frais pour la chercher, la faire surnager ; et s'ils la saisissent, ou la laissent saisir et résoudre, ce n'est, la plupart du temps, que lorsque ceux qui auraient eu besoin d'en avoir de suite la solution, sont ruinés et consumés par le chagrin et le désespoir ?

Les lecteurs ne doivent pas craindre d'être accablés par les détails de tout ce qu'on peut reprocher aux suppôts du palais, qui vont non-seulement jusqu'à dévorer les justiciables, mais encore jusqu'à atteindre ce qui appartient à d'autres officiers publics, et à des fonctionnaires, et au trésor de l'empire. Je n'en indiquerai qu'une partie, sous quatre points différens, qui feront assez sentir la nécessité impérieuse d'y mettre ordre, parce que j'écris moins pour faire lire que pour faire penser.

Division en quatre points.

Ces quatre points sont :

Le mal de l'audience des criées ;
Le mal dans les procédures ;
Le mal contre l'impôt du timbre ;
Le mal dans la taxe des frais.

Le cinquième point sera le remède.

Ces excès enlevaient aux justiciables, aux notaires, au trésor, ou à d'autres, plus de dix millions par an. Depuis dix ans que je n'ai cessé de les dévoiler, ils ont insensiblement diminué à peu près de moitié ; mais ils reprendraient bien vîte toute leur étendue, si l'on cessait de harceler les malfaiteurs.

Parcourons donc rapidement ces quatre points, qui montreront divers maux ; et nous verrons ensuite ce qui peut les faire cesser, en prévenir le retour, et assurer la tranquillité publique.

PREMIER POINT.

Le mal de l'Audience des Criées.

Ce mal que la sollicitude du gouvernement a voulu si souvent faire cesser, est encore tel, qu'on ne peut y penser, quand on connaît les rusés des officiers ministériels, sans éprouver la plus vive affliction.

Qu'on se figure une audience fantastique établie par abus et sans institution légale, désormais tolérée sans savoir pourquoi, si ce n'est pour l'intérêt des avoués, dont la puissance subtile a toujours su faire coordonner quelque partie de l'ordre judiciaire avec leur volonté, comme s'il n'existait que pour eux, et en sens contraire de l'utilité des justiciables et de la justice elle-même.

Une audience, où l'on s'assemble comme à une foire, à midi, les mercredi et samedi, pour y vendre à l'enchère des immeubles; qui est tenue par un seul juge, qui n'est presque jamais le même, qui n'a pas besoin de lire aucune pièce, d'approfondir ni le fond ni la forme, parce qu'il ne fait que sanctionner ce qui se passe entre les avoués, et dont toute la fonction se réduit à dire : *Adjugé*, quand les enchères vraies ou simulées finissent.

Un mot qu'on verra plus bas, indiquera que les trois quarts du temps, ce n'est pas même le juge qui adjuge, quoiqu'il le prononce.

Ce juge ne peut pas vider, à cette audience parasite et imparfaite, la plus petite difficulté, si elle se présente, puisque, dans l'ordre actuel des choses, il faut au moins trois juges pour statuer sur toute espèce de discussion, en sorte qu'il n'est là qu'un automate suivant l'impulsion des officiers ministériels, qui, presque toujours, sont convenus de tout d'avance; heureux, quand ils n'ont pas d'avance adopté les acquéreurs, fixé le prix auquel les enchères s'arrêteront, et fait le complot d'adjuger

, clandestinement un autre jour que celui indiqué par les affiches.

Car il arrive souvent à ceux qui croient que les criées marchent naturellement, lorsqu'ils s'y rendent et s'informent pourquoi la vente ne se fait pas au jour indiqué, que l'avoué poursuivant répond : J'ai des renseignemens à prendre, *je n'adjuge pas aujourd'hui ;* c'est là le mot qui m'a fait dire avec raison, que souvent ce n'est pas le juge lui-même qui adjuge, quoiqu'il le prononce.

Ensuite, sans nouvelles affiches, ou sur une affiche supposée ou soufflée, deux ou trois avoués d'accord paraissent à une audience ignorée de ceux qui voudraient sérieusement enchérir ; et l'immeuble du propriétaire inexpérimenté, du débiteur malheureux, de la veuve, de l'orphelin, est enlevé à vil prix pour eux ou pour leur ami, ou pour l'acquéreur qui a promis, sinon payé d'avance, des gratifications secrètes ; ou il est revendu le lendemain, par élection de commande , à un prix double.

Le mal se continue malgré l'audience solennelle donnée aux Notaires , et malgré le nouveau Code.

Demandez aux notaires comment, malgré l'audience solennelle que la bonté de S. M. leur accorda en conseil d'état, le 22 février 1806, lorsqu'on s'occupait du code de procédure, et lors de laquelle leur litige avec les avoués avait pour objet principalement les ventes aux criées, et la difficulté d'obtenir justice contre les avoués dans les tribunaux qu'ils entourent, quand ils sont eux-mêmes intéressés; comment, malgré les bonnes intentions de S. M. pour leur cause; comment, malgré le nouveau code, les ventes sont encore si multipliées aux criées ; comment et par quelles tournures on donne la couleur de vente judiciaire à une vente volontaire ; comment un immeuble se vend par licitation, quoiqu'il n'appartienne qu'à un seul ; et comment, pour prétexte de la licitation, on fait paraître un second propriétaire d'une portion.

Ce sont encore les acceptations d'hérédité sous bénéfice d'inventaire qu'on ne manque pas de conseiller tant qu'on peut, sous prétexte de prudence, qui forment ensuite elles-mêmes de grands prétextes pour tout dévorer, en vendant aux criées. J'ai dans le moment sous les yeux une affiche qui divise en douze lots, douze petites pièces de terre qui pourtant n'ont fait qu'une part d'héritier, et qu'on a estimées pièce par pièce à un total d'environ 5,000 fr. L'affiche porte que les douze lots, formés chacun d'une pièce, ne seront pas réunis ; et il y en a qui ne sont estimés qu'à 45 et à 44 fr., c'est-à-dire qu'ils seront vendus séparément. Il y a trois avoués, dont l'un est poursuivant, et les deux autres présens aux poursuites, qui coûteront au moins 1,200 fr. Il peut y avoir douze adjudicataires, qui auront chacun un avoué, puisqu'il y a douze lots séparés ; et parce qu'on ne peut être adjudicataire en justice que par avoué. J'ose dire que quand il n'y aurait que quatre ou cinq avoués pour les adjudicataires, avec les trois qui se mêlent de la poursuite, il sera bien difficile, qu'en réunissant tout ce que cette foule d'avoués se fera payer, il n'en coûte au moins 5 à 6,000 fr. que les douze pièces produiront au plus ; et peut-être, si quelque malheureux se rend adjudicataire d'un seul petit lot de 45 fr., il pourra s'exposer, sans s'en douter, à payer pour sa part des frais accessoires, ou pour l'expédition de son titre judiciaire, 3 ou 400 fr., tandis qu'on aurait pu tout vendre en un seul article devant notaire, où il n'en aurait pas coûté plus de cinq à six louis, parce qu'il n'y aurait pas eu d'avoués. Si les parties intéressées avaient été bien dirigées, elles auraient dû être renvoyées devant notaire, surtout quand rien n'indique qu'il y ait parmi elles ni absens, ni mineurs : et sur qui encore tombe tout ce mal ? sur la classe du peuple qui n'a que de petites fortunes, des lopins de terre!

Demandez aussi, à l'oreille, aux architectes, aux chefs de bandes noires, aux dépeceurs de bâtimens, comment il faut faire pour s'assurer à vil prix un immeuble quand il est aux criées.

Il y a bien d'autres moyens d'enlever les immeubles ou le prix. Par exemple, un avoué qui n'a pas grand'chose à faire, avec un seul immeuble à vendre, saura s'occuper long-temps par des ventes simulées, adjugées à quelque confrère prête-nom, par des folles enchères, des procédures d'ordre, etc., jusqu'à ce que tout soit dévoré.

Et ne croyez pas que ce soit un remède de déclarer les avoués garans des insolvables ; jamais vous ne trouverez des avoués contre des avoués, pour leur faire subir cette peine : ils ne vous servent pas même lorsque vous êtes parvenu à leur en faire faire l'injonction ; ils s'épaulent, au contraire, pour favoriser les folles enchères et toutes les tentatives de leur cupidité.

Ne croyez pas aussi que leurs frais soient réduits pour eux à la taxe, et que rien puisse les priver à peu près du sou pour livre ; ils vous font même quittance sans hésiter, si vous la demandez, de ce qu'ils reçoivent, parce qu'ils ajoutent que s'il excède les frais qui seront taxés, ils feront compte de l'excédent au vendeur ; et comme le vendeur est leur partie qu'ils maîtrisent, ce n'est jamais de ce compte qu'ils lui parlent ; et il se garde bien d'en parler lui-même, de peur d'être dévoré.

Cette audience des criées est si éphémère, si surérogatoire, qu'elle sert aussi souvent, par cupidité, à établir le plus pernicieux conflit avec l'audience des ventes

sur saisie ; parce que les avoués, par con-
nivence entr'eux et avec les huissiers,
après avoir imaginé souvent d'entamer
une espèce de saisie immobilière, avec
une créance vraie ou fausse, commencent
ensuite quelques formalités pour la vente
du même objet aux criées ; ensuite, sous les
plus frivoles prétextes, ils prennent d'accord un jugement qui ordonne le sursis
à la saisie, et que, dans un délai fixé et
toujours comminatoire, la vente aux
criées sera mise à fin : heureux encore
quand, par ce procédé, ou tout autre
à peu près semblable, ils ne dévorent pas
tout eux-mêmes.

Si les bornes de cet écrit permettaient
les détails des exemples, ils seraient infinis ; je dirai pourtant que j'ai vu qu'il a
été impossible d'empêcher une vente aux
criées d'environ 5oo,ooo fr. d'immeubles
d'un ancien fournisseur de la garde impériale. L'intention des créanciers était d'en
faire l'achat simple devant notaire, pour

se payer ; tout était prêt, et ils ont même fini par-là ; mais il fallut commencer par laisser vendre aux criées, et laisser dévorer mal à propos plus de 50,000 fr., dont environ 25,000 fr. pour le sou pour livre à des avoués, lorsqu'il n'en eût pas coûté 1,200 fr. chez un notaire. Et puis l'on entend dire qu'il y a des fournisseurs ruinés, parce que le gouvernement ne les paie pas !

Demandez à des juges, même de la cour de cassation, qui ont fait quelqu'achat d'immeuble ou concouru à quelque licitation, ce que les officiers ministériels leur ont coûté.

Cette audience des criées est telle pour les avoués, qu'au lieu de remplir les véritables fonctions pour lesquelles ils sont créés, qui est de contribuer à la distribution de la justice, plusieurs d'entr'eux dédaignent cette destination, pour se livrer à l'agiotage des immeubles aux criées, parce que cette audience leur offre des profits infinis, sans peine, et plus rapides. Peu leur importe de n'être regardés que comme des agioteurs, des usurpateurs qui enlèvent aux notaires, sur cet article des ventes comme sur d'autres, la partie la plus essentielle de leur état ; peu leur importe que cela puisse produire chez des notaires une oisiveté d'autant plus dangereuse que, comme tous les observateurs sages le pensent, les notaires aussi sont trop nombreux à Paris, au moins de moitié.

Tout se réunit donc contre cette audience bâtarde des criées, tenue pour une partie des ventes prétendues judiciaires, par un seul juge qui ne peut rien juger, et qui ne fait alors qu'une vente faussement judiciaire, à côté d'une audience des autres ventes judiciaires, où l'on trouve au moins l'appareil légal.

Ce n'était qu'à Paris qu'on connaissait l'audience des criées. Il n'y avait partout, et dans tous les départemens, très-innocens sur de pareils faits, et pour toutes les ventes judiciaires, que l'audience qui se tient, suivant les règles de toutes les audiences, par des juges qui peuvent prononcer sur les difficultés s'il s'en présente; et qui, étant en nombre ordinaire et légal, en imposent davantage, pour empêcher que rien ne soit fait furtivement, et pour tranquilliser les justiciables.

Remède particulier contre le mal de l'Audience des Criées.

Le remède naturel indiqué contre l'audience des criées, et contre le mal incalculable qu'elle cause aux propriétaires, presque toujours malheureux, quand ils se dépouillent de leurs immeubles, est de la supprimer, et de ne laisser exister qu'une audience pour toutes les ventes judiciaires; alors, et par cela seul, les notaires, les avoués, les juges, chacun sera à sa place.

Objection et Réponse.

Mais on peut me dire : Quand on a ainsi développé les règles d'une exacte justice, s'il y a quelque chose à décharge en faveur de ceux qu'on inculpe de les violer, il ne faut pas le passer sous silence, pour être juste soi-même.

Avoués trop nombreux à Paris.

Je dois donc répondre, et c'est une vérité qui étonnera, et qui va être mathématiquement démontrée, sous tous les rapports, que les avoués à Paris qui sont au nombre, en première instance, de cent cinquante ; et en appel de quatre-vingt, sont trop nombreux, au moins des *quatre cinquièmes*, et qu'ils ne peuvent pas vivre d'un travail légitime.

Voilà ce qu'ils ne disent pas eux mêmes, parce qu'ils veulent exister, et conserver leur somptuosité scandaleuse ; et ne pouvant vivre à la table que leur donnerait leur état, ils se mettent, par adresse et sans façon, à la table des propriétaires, des notaires, et même du juge qui ose prêcher le bon ordre. Ils ne sont pas excusables, sous prétexte que leur nombre est excessif; ils devraient au contraire demander eux - mêmes leur réduction d'après les bases incontestables qui vont suivre.

Il faut qu'on sache d'abord, ce qui est écrit partout, et que la raison naturelle fait assez sentir, que ce sont surtout les terres plus que les personnes, qui font naître les contestations civiles, et qu'il doit y avoir plus d'actions réelles ou mixtes, presque toujours sérieuses, laborieuses et importantes, que d'actions personnelles qui sont la plupart du temps sans objet.

C'est principalement pour les actions civiles, que les officiers ministériels existent; car pour le criminel, le vengeur public fait la procédure, et la défense n'a pas même souvent besoin de conclusions, et se réduit à quelques phrases d'avocat.

C'est donc dans les départemens, où le territoire est le plus étendu, et où il y a le plus de propriétaires, que les procès sérieux doivent être plus multipliés.

Ce sont là les bases qu'il aurait toujours fallu et qu'il faut encore consulter pour fixer le nombre des avoués. Il paraît aussi que le gouvernement, qui a déjà commencé d'en supprimer presque la moitié, ne demande que d'avoir la preuve qu'il en faut encore supprimer d'autres, pour le faire, puisque, dans le réglement d'administration publique fait à la suite de la nouvelle procédure, il a demandé que les cours lui fissent connaître quel est le nombre d'avoués nécessaire ; c'est donc concourir puissamment au vœu de la loi et le seconder, que d'indiquer les meilleures bases qui peuvent servir pour cette importante opération.

Preuves du trop grand nombre des Avoués à Paris, par la comparaison avec le territoire et la population des autres départemens.

Le département de Paris, ou de la Seine, n'a en territoire que 46,181 hectares, et en population que 631,531 individus.

Cette population, comme les moindres observateurs le savent, est composée peut-être pour les trois quarts de ce que Thomas Payne, dans son livre *du Sens commun,* et malgré sa démagogie, appelait *fretin populacier;* il n'y a peut-être pas dans ce département deux cent mille individus propriétaires ; ou, à mieux dire, comme chaque famille, selon les probabilités, donne cinq individus, on ne compterait pas à Paris quarante mille familles propriétaires, parmi lesquelles il n'y en a pas, à coup sûr, le dixième, c'est-à-dire quatre mille, qui chaque année aient des procès au tribunal civil de Paris, qui est le seul pour ce département ; et elles ont cent cinquante avoués pour les servir !

Quand ces cent cinquante avoués ne gagneraient chacun, l'un dans l'autre, que 20,000 fr., ce qui fait trois millions par an, voilà un impôt de plus 800 fr. par an, pour chacune des quatre mille familles ; sans compter les avoués d'appel, le fisc et les huissiers que cela met en action, et qui font bien porter au moins ce genre d'impôt, pour les quatre mille familles à plus de 3,000 fr. pour chacune, et à un total de plus de douze millions, outre les pertes de temps et les soucis.

Faites maintenant la comparaison avec divers départemens des quatre coins de l'empire ; vous verrez, proportionnellement avec le territoire et la population, la différence du nombre des avoués, et de cette charge pour le peuple.

Le département de Seine et Oise, quoique voisin de Paris et de la contagion de la multitude des avoués, a 575,042 hectares en territoire, c'est-à-dire plus de douze fois l'étendue du département de Paris, et 429,523 individus en population, qui, quoique moindre d'un tiers que celle de Paris, présente à coup sûr deux fois plus de propriétaires. Cependant, malgré que ce département soit divisé en cinq tribunaux de première instance, et qu'une pareille division doive nécessiter l'augmentation des avoués, il n'y a dans tout ce département que cinquante avoués de première instance.

Prenez le département de Gênes. Il y a 237,600 hectares, et 400,056 individus; ce qui excède encore plus de six fois les terres, et au moins deux fois les propriétaires de Paris; et il n'y a que trente-trois avoués de première instance, divisés même dans cinq tribunaux.

Allez dans l'Escaut; le département a 357,000 hectares, et 636,438 individus, ce qui forme plus de six fois le territoire de Paris, et excède sa population bonne et mauvaise, et présente trois fois plus de propriétaires. Il n'y a pour quatre tribunaux que quarante-huit avoués.

Allez à Bruxelles, il y a 366,911 hectares, et 491,143 individus; et pour trois tribunaux quarante-deux avoués.

Voulez-vous faire la comparaison avec la Gironde; il y a 1,082,552 hectares, et 514,562 individus, ce qui présente vingt-cinq fois plus de territoire qu'à Paris, et une population composée de deux fois plus de propriétaires. Il n'y a pour tout ce département, divisé même en six tribunaux, que cinquante-huit avoués.

Si vous faites la comparaison avec Toulouse, vous trouvez 642,533 hectares, et 367,551 individus, ce qui est quinze fois le territoire, et présente beaucoup plus de propriétaires qu'à Paris; et il n'y a que cinquante-cinq avoués pour quatre tribunaux.

Le Pas-de-Calais a 1,330,000 hectares,

3

ce qui excède trente fois le territoire de
Paris, et 570,000 individus, ce qui, à peu
de chose près, égale la population, et présente deux fois plus de propriétaires; et il
n'y a que soixante avoués pour six arrondissemens.

Le département du Nord a 580,000 hectares, et 840,000 individus, ce qui présente douze fois plus de territoire et un
tiers de plus de population, et trois fois
plus de propriétaires; et il n'y a que soixante
avoués, divisés même dans six tribunaux.

Prenez les cinq départemens qui com-
posent le ressort de la cour d'appel de
Rennes; trois ont près de 700,020 hectares, deux les excèdent; trois ont au-delà
de 400,000 individus, deux excèdent 500
mille. Ainsi ils ont chacun quinze ou seize
fois le territoire, et deux fois au moins le
nombre des propriétaires de Paris; et sur
ces cinq, quoiqu'il y en ait quatre qui ont
chacun quatre arrondissemens, l'autre
cinq, il s'en faut bien qu'aucun ait

quarante avoués pour tout le département.

Car Ille et Vilaine n'en a que 38 ;

Les Côtes du Nord que 36 ;

La Loire-Inférieure que 34 ;

Le Finistère, 3o ;

Et le Morbihan, 23..

Et Paris en a cent cinquante! tandis que
la comparaison que nous venons de faire
ne lui en donnerait pas mathématiquement
quinze, c'est-à-dire un dixième, et ce serait même trop s'il n'y avait que les procès
sérieux que son territoire et sa population
devraient naturellement produire ; mais
comme c'est la première ville, et qu'il faut
lui donner tout en grand, et respecter
même sa lèpre jusqu'à un certain point,
l'on voit que, quand nous avons dit qu'il
faut réduire les cent cinquante avoués au
cinquième, c'est-à-dire à trente, nous lui
en avons accordé deux fois plus qu'il n'en
faut.

Quand on a vu cette comparaison, on se demande comment il est possible que l'on ait cru, dans le temps, qu'il fallait à Paris deux cent soixante-deux avoués au tribunal civil, et comment, lorsqu'on s'est aperçu de l'excès, il n'en a été encore supprimé que cent douze, et gardé cent cinquante : car il ne faut pas croire qu'on ait voulu ériger en droit l'adresse des avoués de Paris, qui savent, sur dix procès, en créer neuf pour leur profit, et faire dans chacun dix fois plus d'écritures qu'on n'en fait ailleurs ; mais on a pris peut-être pour base le nombre ancien des officiers ministériels de cette ville, sans faire attention que les priviléges, les distractions de juridiction, la féodalité, la bénéficiale, les substitutions, et autres matières qui n'existent plus, en alimentaient les trois quarts.

Remarquez même que cette comparaison est faite en supposant qu'on suivra la procédure que l'on suit aujourd'hui ; car si la procédure est simplifiée, comme il

faut l'espérer, il y aura bien plus de raison
de les réduire.

Maintenant, si nous comparons les ressorts des cours d'appel et le nombre des
avoués, l'on va être plus étonné de voir
quatre-vingts avoués à la cour d'appel de
Paris ; car, selon toutes les proportions,
il n'en faudrait que seize au plus ; et si on
lui en accorde vingt, ce ne peut être que
pour assortir encore son luxe et sa lèpre.

Le ressort de la cour d'appel de Paris,
composé de sept départemens, présente
un territoire de 3,985,000 hectares, et de
2,300,000 individus ; et il y a quatre-vingts
avoués à cette cour.

C'est ensuite le ressort de la cour de
Lyon, qui, ayant quatre départemens,
un territoire de plus de 200,000 hectares
et une population d'environ 1,200,000 individus, a le plus grand nombre d'avoués,
car il en a vingt-cinq ; ce qui est même
en disproportion avec Paris de plus de
moitié.

Toutes les autres cours d'appel en ont proportionnellement bien moins.

Le ressort de Bruxelles a cinq départemens formant près de 1,800,000 hectares et environ 2,300,000 individus, ce qui présente presque la moitié de l'étendue et à peu près autant de population que tout le ressort de Paris, et il n'a que vingt-quatre avoués; et encore, à coup sûr, à Bruxelles comme à Lyon, ils sont trop nombreux.

Le ressort d'appel de Grenoble, qui a quatre départemens, un territoire de près de 3,000,000 hectares, et environ 1,200,000 individus, n'a que dix-sept avoués d'appel.

Montpellier, dont le ressort a quatre départemens, un territoire de plus de 3,400,000 hectares, et plus d'un million d'individus, n'a que quatorze avoués d'appel. Nous devons même ajouter ici un fait curieux, si nos instructions sont vraies, c'est qu'en l'an 1809, la cour d'appel de Montpellier, qui n'a qu'une section, a jugé plus de mille affaires avec ses quatorze avoués , tandis que la cour d'appel de Paris, qui a trois sections , n'en a pas jugé 1,300 avec ses quatre-vingts avoués. Il est vrai que Montpellier doit soutenir la gloire d'avoir fourni à l'empire le premier et le plus digne chef de la magistrature.

Gênes qui, avec les six départemens qui forment son ressort , a près de 1,800,000 hectares, ce qui est la moitié de l'étendue, et 1,600,000 individus, ce qui est les deux tiers de la population du ressort de Paris, n'a que douze avoués.

Bordeaux qui, quoiqu'il n'ait que trois départemens, a cependant près de trois millions deux cents hectares, ce qui est plus des trois quarts du territoire, et 1,200,000 individus, ce qui excède la moitié du ressort de Paris, n'a que dix avoués.

Amiens, pour trois départemens qui présentent 1,436,000 hectares de superficie, et 1,322,565 individus, n'a que neuf avoués d'appel.

Douai, qui a 1,410,171 individus, et 1,428,877 hectares pour deux départemens, n'a que neuf avoués d'appel.

Enfin, Rennes, avec les cinq départemens qui forment son ressort, et qui a plus de 3,005,000 hectares, et près de 2,300,000 individus, ce qui est presque égal au territoire et à la population du ressort de Paris, n'a que douze avoués.

En général, les avoués d'appel sont partout au-dessous du nombre des juges, souvent même de moitié; et à la cour d'appel de Paris, il y a presque quatre fois autant d'avoués que de juges.

Pourquoi donc la cour de Paris a-t-elle quatre-vingts avoués, c'est-à-dire cinq fois plus qu'il n'en faut? Comment, d'après cette comparaison, et toutes les proportions imaginables, pourraient-ils vivre en ne faisant qu'un travail légitime?

Mais aussi, ne pouvant aller à l'audience des criées, pour manger les propriétaires et les notaires, quatre avoués de la cour d'appel de Paris vous font, par exemple, ou supposent faites quatre-vingts requêtes, dont plus de quarante grossoyées, pour proposer une fin de non-recevoir ; un seul vous en fait pour sa part trente : si vous voulez vous en plaindre, rien n'égale l'adresse des avoués pour vous empêcher d'être entendu.

Cependant la loi passée et présente n'a jamais autorisé qu'une ou deux requêtes au plus ; le désir du gouvernement de faire disparaître les excès commis envers les justiciables lui fera apercevoir à coup sûr, tôt ou tard, je ne saurais trop le répéter, que tout sera toujours inutile, tant qu'il y aura une chambre d'avoués, et qu'ils formeront une corporation.

Il ne suffit pas qu'il soit justifié que les avoués d'appel, comme ceux de première instance, sont trop nombreux des quatre cinquièmes. Cela ne les autorise pas à excéder si hardiment la mesure de la loi.

Cette digression exacte, curieuse et bien pénible, sera utile dans tous les temps, et surtout dans un moment où, comme je l'ai dit, un réglement d'administration publique vient d'annoncer que les cours impériales seraient consultées. Déjà, en l'an 8, le travail sur le nombre des avoués nécessaires eût été perfectionné, si des parens, des protecteurs, des intrigans de tous les genres, n'avaient entravé le cours de l'examen que j'étais chargé d'en faire, et dans lequel je recevais les plus grands secours, et j'étais secondé vigoureusement par M. Robin, chef du parquet, plein de lumières, d'énergie et de bonnes intentions.

Après avoir ainsi développé le premier point relatif au mal de l'audience des criées, et indiqué le moyen particulier de le réparer, en supprimant cette audience et réduisant les avoués au moins au cinquième, j'arrive au second.

IIe POINT.

Le mal dans les procédures.

Ce mal est encore si incalculable, que les avoués et les huissiers font à peu près arbitrairement et impunément tout ce qui peut servir leur cupidité.

Je n'ai cessé de recueillir, depuis l'an 8, et de consigner dans des écrits partiels des détails contre les procédures frustratoires.

En 1552, lors de la création des présidiaux, l'on se plaignit de la multiplicité des officiers ministériels.

Si l'on ne pressentait pas déjà que ce mal vient encore de ce que les officiers ministériels sont trop nombreux, si l'on veut la preuve, dès long-temps reconnue, que plus les officiers ministériels sont multipliés, plus les procès augmentent dans un empire, il ne faudrait qu'ouvrir l'histoire, et lire notamment ce qui fut dit en 1552, au sujet de la création des présidiaux, qui étaient pourtant une bonne institution, si, comme on le fit en 1788, il y a vingt-deux ans, l'on avait en même temps anéanti toutes les petites justices et restreint les parlemens.

On disait alors, en 1552, et c'était sous le règne de Henri II : « Ce n'est pas fa- » voriser le peuple que de couvrir en » quelque sorte le royaume de gens de » loi qui entretiennent la chicane et la » fureur de plaider ; il ne faut pas mul- » tiplier cette classe de la société, déjà » trop nombreuse, et occupée à dévorer » les autres, etc. » ANQUETIL, tome 6, page 422.

Cela est encore confirmé par le fait déjà rapporté, qu'à Paris, depuis trois ans qu'on a réduit les avoués à la moitié, les procès superflus ont diminué aussi de moitié ; huit à neuf mille procès ont été réduits à moins de cinq mille.

Preuves qu'il ne doit pas y avoir à Paris mille procès sérieux, et que quinze avoués seraient suffisans.

Si les avoués étaient réduits à trente, lors même qu'on suivrait la procédure actuelle, il n'y aurait pas mille procès par an, qui ne donneraient pas cinq cents questions sérieuses à juger, et si on les réduisait à quinze, qui, selon toutes les comparaisons, seraient suffisans, il n'y aurait pas six cents procès.

Ceux qui seraient étonnés que je dise qu'il y a à peu près neuf dixièmes de procès inutiles, créés par l'humeur, et surtout par la cupidité de ceux qui vivent de procès, auraient un moyen bien simple d'en trouver la preuve, et je la garantis d'avance à Paris. Ce serait de prendre au greffe, et sur les rôles, la liste des procès d'une année, et d'examiner la question, ou, à mieux dire, le prétexte qui les a fait naître, parce que, je le répète, sur dix procès , il y en a tout au plus un qui présente une question sérieuse. Il y a bien long-temps que je fais sans cesse cette observation. Les exemples à cet égard meneraient trop loin. S'il s'agissait d'un défi, et qu'on fît la liste de chacun des huit à neuf mille procès qui existaient il y a trois ans , et la liste des quatre ou cinq mille qui existaient en 1810 , avec indication de la demande originaire, l'on démontrerait aisément que, si l'on n'avait pas commencé tous ces procès, sans l'examen et la permission du juge, il n'en aurait peut-être pas existé le dixième. On se figure que c'est la chose la plus pénible, la plus difficile que de réduire les procès à rien , et de les analyser et juger. Cela paraît ainsi, parce qu'on voit dès armées de juges et d'officiers ministériels , la plupart pleins d'ignorance , et tous intéressés à les créer, à les embrouiller, à les grossir, et à les rendre tels qu'on ne trouve qu'en cherchant beaucoup , et en sachant bien élaguer les inutilités , quelle est la question , et quel est celui qui a tort ou raison ; la question est presque toujours enfouie , difficile à trouver dans la paperasse , comme une épingle dans un grenier encombré. Qu'on ne suive plus d'autre forme que celle de faire d'avance bien poser par le juge le fait et la question , quand il aura trouvé qu'elle mérite examen , et de mettre par un simple acte les parties en présence ; que tout se réduise là ; que le juge connaisse bien la loi , et rien au monde ne sera plus aisé que de juger bien et promptement tout ce qui en a besoin ; aussitôt tout ce qui est entassé mal à propos dans le sanctuaire des lois, disparoîtra. Je ne me pique pas assurément d'avoir plus d'activité et d'expérience qu'un homme attaché à son état : mais j'ose dire que je jugerais , sans me gêner , seul , toutes les questions de droit sérieuses qui se présentent à Paris , et que j'aurais plus de la moitié de mon temps pour me reposer , mais à condition qu'on ne les commencerait pas en les noyant dans la paperasse.

Je sais bien que tous ceux qui ont peur de ne pas soutenir leur orgueil, leur ambition, leur importance , leur intérêt, s'il n'y a pas sans cesse une multitude de procès, vont redoubler encore contre moi l'inimitié conçue depuis plusieurs années que j'ai annoncé que je préparais ce travail ; mais ce n'est pas ce qui m'occupe, je ne vois que le besoin, avec l'espoir du succès, de délivrer mon pays d'un fléau le plus opiniâtre , le plus douloureux. Que je fasse ce bien , je serai trop récompensé ; peu importe dès lors la rage des intéressés et des jaloux, dût-elle me faire périr. Rien ne m'épouvante quand il s'agit de servir mes semblables et la chose publique, et de combattre ceux qui voudraient m'en empêcher. *Si fractus illabatur orbis , impavidum ferient ruinae.*

Il est certain qu'à Paris, les avoués trop nombreux ont l'art d'augmenter les procès des neuf dixièmes au moins, qu'ils vont jusqu'à soulever, pour plaider, le client qui n'y pense pas; lorsqu'il résiste, ils savent encore plaider en son nom, malgré lui. S'il a autorisé à faire un seul acte, ils en font vingt; ils savent encore s'entendre pour lui faire tout payer.

Une autre preuve démontrerait seule que, lors même que l'on voyait, il y a deux ou trois ans, deux cent soixante-deux avoués, et huit à neuf mille procès chaque année, il n'y en avait pas mille sérieux, et qui présentassent mille questions ardues ou simples à résoudre.

On n'a qu'à parcourir les plumitifs des audiences; on n'y trouvera peut-être pas mille causes dans lesquelles des avocats aient été entendus, tandis que tout le monde sait que les lois veulent, et pour leur commodité, les avoués, d'ailleurs incapables souvent de plaider eux-mêmes,

4

ne manquent pas à cet article, que tout ce qui fait question soit plaidé par des avocats, sans compter qu'il a pu y avoir des causes, lorsqu'on en voyait tant, qui, sans être sérieuses en commençant, l'étaient devenues accidentellement, et qui donnaient lieu à des plaidoiries d'avocat, par cela même qu'on les avait suscitées et grossies sans utilité. Je pourrais en fournir des exemples curieux et des preuves authentiques.

Moyens abusifs pour multiplier et grossir les procès.

Si l'on demandait comment les avoués peuvent faire pour multiplier les procès et les actes des procédures, on n'aurait qu'à rappeler que, chaque jour, l'on entend des murmures qu'on n'ose pas, une fois sur mille, convertir en plaintes, par la difficulté de trouver des avoués contre des avoués. Il est impossible de décider des avoués à réclamer justice sérieusement contre des confrères au criminel, ni au civil, surtout quand il y a des pièces fabriquées, simulées selon le besoin de la supercherie du moment, pour former des procès ou des incidens. L'on voit, la plupart du temps, dans les procédures, des pièces de ce genre, et surtout des discussions sur des titres cachés, soustraits, ou ressuscités après avoir été éteints; des copies soufflées, des écritures, des affiches, des copies, faites ou supposées, décuplées et toujours comptées avec l'adresse de se dispenser de les montrer, quand on soutient que la plus grande partie de celles qu'on compte, n'existaient pas.

L'on voit aussi sans cesse des originaux supposés en entier, ou du moins très-souvent supposés pour les quatre-vingt-dix-neuf centièmes, parce qu'on ne fait presque toujours que le premier et le dernier rôle ; et ceux à placer au milieu n'existent presque jamais, ou qu'un ou deux ans après le procès jugé. Quand on ne peut pas se dispenser de les faire, et quand on les fait, on les augmente selon le degré de la cupidité de celui qui doit en recevoir le prix, et de la fortune de celui qui doit les payer : s'il a été signifié quelque copie qui pût prouver la différence avec ce qui avait été fait auparavant, l'avoué confrère qui la détient sait bien éviter de la montrer; ou s'il la montre, la chambre sait bien l'en faire repentir, et j'en ai des preuves.

Les dossiers, dans une même affaire, sont multipliés et faits séparément, autant qu'il y a de noms dans les causes, tandis que dans la loi et dans les départemens, l'on ne connaît qu'un dossier contre toutes les parties réunies dans la même cause.

Ils ont une adresse continuelle, surtout pour diviser les questions préparatoires, afin de multiplier les actes, les plaidoiries, les incidens.

La témérité va quelquefois jusqu'à altérer les signatures des avoués qui ont déjà fait et employé une copie pour une signification. L'avoué qui l'a reçue, met, par surcharge, sa signature sur celle de son confrère, afin de s'en servir et profiter de la même écriture et du même papier, pour signifier et dénoncer à un autre le même acte qu'on lui a signifié à lui-même. Les huissiers s'y prêtent à merveille, en ne mettant pas souvent leur signature sur la première signification ; et s'ils l'ont mise, l'avoué qui veut se servir de la copie ne fait pas façon de la biffer ; et il ne faut pas encore ici donner le défi de montrer de pareilles pièces.

Les avoués, malgré tout, s'entendront toujours pour commettre ces excès utiles pour eux. Leur nombre excessif en impose, surtout parce que si l'on ose se plaindre contre quelqu'un des coupables, ils forment de suite corps contre le plaignant ; interrompent sa défense, en imposant la loi à celui des confrères qui le défendra, de ne prendre aucunes conclusions nuisibles à l'intérêt des avoués ; et si vous trouvez un avocat qui ose plaider pour vous contre cet excès, le corps des avoués le tourmentera, lui portera préjudice, lui fera perdre son emploi, s'il ne vous abandonne pas. Les preuves écrites des faits de cette nature existent ; je connais des victimes qui en souffrent dans le moment actuel. Tout remède sera inutile, il faut le répéter, tant qu'il y aura une chambre permanente représentant ce corps, et tant qu'il leur sera permis de former une corporation, qui, au lieu d'exercer la discipline, ne fait que limer les moyens subtils d'augmenter les frais, et de les faire sanctionner.

Pour démontrer de quelle manière ils savent toujours, et surtout en faisant corps, éluder les lois qui les regardent, on pourrait faire ici l'énumération infinie

des tentatives et des succès déjà obtenus,
pour faire plier plusieurs articles du nouveau code au gré de leur cupidité.

Je n'en indiquerai que deux ou trois.

Déjà ils ont fait décider, quoique l'art.
172 porte « que toute demande en ren-
» voi doit être jugée sommairement »,
que cependant les frais des renvois ne
sont pas sommaires, et qu'ils doivent être
payés comme ceux d'une cause ordinaire,
et dont le principal est jugé ; en sorte que
cette absurdité existe que lorsque l'on vous
fait promener devant plusieurs tribunaux,
pour savoir quel est celui qui doit vous
juger, et qu'ils se renvoient de l'un à
l'autre, comme cela arrive trop souvent,
et quoiqu'aucun juge de ceux qui vous
ont renvoyé, n'ait rien jugé du principal,
vous avez été déjà plusieurs fois obligé
de payer tous les droits d'une cause prin-
cipale qui n'est pas encore entamée.

Sur cent causes sommaires, il y en a
quatre - vingt - dix qu'ils font regarder

comme ordinaires. Ils font mieux ; si dans une cause la plus sommaire, quand il ne s'agirait que de 40 f., il s'élève quelqu'incident qui soit rejeté avec dépens , ils prennent , pour cet incident seul , les droits du principal ; et ils savent parfaitement fasciner les yeux du juge qui signe la taxe sans s'en douter.

Dans le moment, un homme des plus généreux et des plus utiles, qui a sacrifié plus de 500,000 f. pour faire des plans et des essais pour le bien public, et qui a trouvé sur ses pas des officiers ministériels , est entravé par la tourmente, surtout des avoués , dont l'un veut lui faire payer des frais de cause sommaire comme frais de cause ordinaire, ce qui les décuple. Cela ressemble à la piqûre vénéneuse du plus petit insecte, qui, quoiqu'imperceptible , ne cloue pas moins dans son lit un homme qui ferait la meilleure opération pour ses semblables , s'il pouvait se remuer.

Que n'aurais-je pas à dire, si j'avais fait sonner la trompette pour recueillir d'autres attentats à peu près pareils ? car je ne cite que des faits que je n'ai pas été chercher, et qui sont tombés d'eux-mêmes sous mes yeux.

Ils ont aussi voulu, depuis le nouveau code, faire juger un article plus important, pour enlever, pour eux seuls, la plupart du temps, les deniers qu'on consigne pour les distribuer par contribution.

Le code dit que les créanciers qui produisent leurs titres dans le mois de l'ouverture signifiée d'un procès-verbal d'une contribution, se partageront entr'eux les deniers, et que les autres seront forclos ; et le code a certainement entendu qu'alors tout était fini.

Point du tout ; les avoués soutiennent que, malgré qu'il y ait déjà une contribution parfaite et les bordereaux délivrés, une nouvelle opposition bonne ou mauvaise, et il est si aisé d'en faire, tant que

les porteurs des bordereaux n'ont pas re-
tiré les deniers, doit faire recommencer
une autre procédure de contribution à
nouveaux frais, pris sur les deniers consignés.

De cette manière, tant qu'il resterait
des deniers consignés, les avoués les enlè-
veraient sans aucune peine. On pourrait
dire, autant de consigné, autant à partager entre avoués ; il ne resterait rien
pour les créanciers. Ils ont des juges protecteurs de leur avis ; si l'on n'y prend
garde, ils sauront bien s'entendre afin
que cela soit jugé ainsi, et pour faire regarder ce point de leur intérêt comme
consacré par une jurisprudence.

Mais il faut retracer ici ce qu'il y a de
plus effrayant dans les procédures, et
que les avoués qui pourraient le prévenir, ont au contraire constamment fa-
vorisé.

Mal des Copies soufflées ou non remises par les Huissiers eux-mêmes.

Ce sont les copies soufflées, ou supposées remises par les huissiers, et qu'ils ne remettent pas , ou qu'ils n'envoient que par la poste sous enveloppe , ou par des émissaires , qui, pour quelques pièces d'argent ou un dîner, les livrent à celui qui a intérêt qu'elles ne soient pas remises. Je puis indiquer des dîners qui ont produit des effets pareils.

Dans les originaux , les huissiers ont souvent l'audace d'écrire qu'ils ont parlé à la personne même contre laquelle la copie est faite, quoiqu'ils ne soient pas sortis de chez eux ; et malgré qu'on saisisse leur émissaire le faux à la main, tout reste toujours impuni.

La plupart des hommes du palais, élevés à Paris avec la légèreté qui est propre, en général, à toutes les éducations de cette cité trop corrompue, se mettent à rire quand ils entendent des plaintes en pareil cas.

Il n'est pas, disent-ils, possible à Paris que les huissiers portent eux-mêmes les copies; jamais cela ne s'est fait. Peu importent toutes les lois anciennes et nouvelles, même la dernière, qui pourtant, afin de mieux décider les huissiers à faire leur devoir, a doublé à peu près leur salaire. Il semble que cela n'a fait que leur faciliter le moyen de se donner et de payer des valets.

Ceci mérite la plus grande attention, surtout pour ceux qui ne sentent pas tout le mal des copies soufflées, ou envoyées par la poste, ou par des valets.

Quand les copies sont soufflées, c'est-à-dire, quand elles ne vous parviennent pas, vous pouvez perdre injustement au civil votre fortune, votre liberté, puisqu'alors vous êtes exposé à être condamné sans défense, sans avoir été averti; et cela peut être irréparable, s'il s'est écoulé un laps de temps qui ait fait passer le jugement en force de chose jugée, ou si, avant que vous ayez connu le jugement, et lorsque vous l'attaquez, vous avez perdu vos pièces, vos témoins justificatifs.

Au criminel encore, si vous avez été jugé par contumace, faute d'avertissement, et que vous décédiez dans cet état, vous perdez votre honneur, et votre mémoire reste notée d'infamie. Si, avant de mourir, vous en êtes averti, et que les preuves à décharge aient péri, vous risquez d'aller à l'échafaud malgré votre innocence.

Erreur des Protecteurs des Huissiers.

Les huissiers et leurs aveugles protecteurs ne veulent rien sentir de tout cela. Ils ne conçoivent pas même que très-souvent la présence de l'huissier est si nécessaire, en remettant la copie, qu'on peut avoir une réponse salutaire et décisive à lui faire, et que tout est perdu, si cette réponse n'est pas faite au même moment.

Par exemple, si un huissier vient vous notifier un transport d'une créance sur vous, et que vous ayez déjà payé sur quittance privée que vous lui représentez, et dont il prend copie, ou dont il fait mention dans la réponse sur-le-champ, vous ne perdez pas le fruit de votre libération; mais s'il se retire sans vouloir ou sans pouvoir prendre votre réponse, parce qu'il vous a envoyé la copie de la notification par un valet, sa notification aura une date certaine, votre quittance privée sera sans force contre le tiers qui vous a notifié le transport, et vous serez obligé de payer une seconde fois à ce tiers ce que vous avez déjà payé à votre créancier.

Dans un parlement, un huissier qui avait notifié un transport, fut traité comme faussaire, et condamné aux galères pour avoir refusé de prendre la réponse de celui qui lui représentait la quittance; il avait pris la fuite, sans constater qu'on voulait lui répondre; il avait rédigé la signification comme si le débiteur, déjà libéré, auquel il disait qu'il avait parlé, ne lui avait rien répondu. Mais, à Paris, comment faire écrire votre réponse par l'huissier, s'il n'envoie qu'un valet ? Il arrive même que lorsque l'huissier vous parle, il vous dit effrontément et de mauvaise foi, ou avec l'ignorance la plus répréhensible, qu'il n'est pas obligé de prendre une réponse, à moins que ce ne soit une offre ou une saisie qu'il vous fait ; heureux, quand il vous fait une offre, s'il ne met pas, sans vous parler, que vous l'avez refusée ! et il ne faut pas non plus ici donner le défi de montrer des preuves écrites d'un fait pareil.

Si un huissier vous souffle aussi un protêt si vous êtes négociant, ou s'il vous l'envoie par un valet qui ne peut pas prendre votre réponse, vous passerez de suite pour débiteur failli là où votre signature sera renvoyée, sous prétexte que vous n'y avez pas fait honneur.

Si on vous souffle la copie d'une notification d'une vente, l'on vous fait perdre le
fruit de votre hypothèque ; l'immeuble qui
vous était affecté est enlevé à vil prix, et
vous pouvez être ruiné. Ces exemples, et
ceux que j'ai déjà cités, qui sont tels qu'au
correctionnel vous pouvez perdre votre
fortune et votre honneur, et au criminel
votre vie même, devraient bien faire réfléchir les protecteurs qui veulent absolument dispenser les huissiers de Paris de
porter eux - mêmes les copies. On n'en
finirait pas, si l'on citait tous les malheurs
des copies soufflées, ou, ce qui est la même
chose, de celles confiées à des valets qui
souvent ne les remettent pas, et qui, lors
même qu'ils les remettent, n'empêchent
pas, la plupart du temps, dans le cas surtout
où il peut y avoir à faire une réponse
salutaire qui exigerait la présence de
l'huissier, qu'il n'y ait le même inconvé-
nient que si la copie était soufflée ; et tout
cela vient encore de ce que les procès

étant trop multipliés par le nombre trop grand des officiers ministériels, les huissiers prétendent qu'ils ne pourraient pas y tenir, s'ils étaient forcés d'exécuter les lois et de porter eux-mêmes les copies.

On a vu un huissier, il y a trois ans, faire, ou, à mieux dire, supposer dans un état de frais quarante procès - verbaux, pour dire qu'il n'avait pas trouvé un restaurateur qu'il était chargé d'assigner en témoin, et chez lequel il n'avait pas été; car ce restaurateur logeait sur une des grandes places de Paris, et n'avait pas bougé de sa cuisine.

Le motif des protecteurs des huissiers est de prétendre que ce n'est là qu'une vieille habitude, qu'il n'y a aucune méchanceté, aucune intention de nuire. Il y en a même qui font plus qu'excuser les huissiers sur l'intention, et qui vous disent et jugent qu'il n'y a pas de faux de la part des huissiers, qu'il n'y a pas même de nullité, parce qu'ils ne font que ce que l'on a toujours fait à Paris. Ils ne veulent pas entendre qu'il faut corriger les mauvaises habitudes, et ne pas se fier aux valets, surtout aujourd'hui que la perversité s'est accrue, autant que les lumières et la civilisation. C'était l'habitude de croire aux sorciers, et de brûler même ceux qu'on regardait comme tels ; l'on s'en est corrigé quand on a senti que c'était abominable : pourquoi ne se corrigerait-on pas sur d'autres actions que le temps démontre très-funestes ? Mais, à Paris, les huissiers, lorsqu'ils sont accusés, vont, en se défendant, jusqu'à soutenir et imprimer que toutes les lois anciennes et nouvelles, qui ont dit que les huissiers doivent eux-mêmes porter et remettre les copies, sont inexécutables, que cela est impossible. Ils ont su jusqu'ici rendre cette conduite impunie, parce qu'encore une fois les suppôts du palais sont à Paris, comme le disait Louis XII, une puissance au-dessus de toutes les autres.

Doctrine sage de la Cour de cassation contre les Huissiers.

La cour de cassation ne cesse de juger, en cassant les arrêts contraires, qu'un officier public qui atteste un fait faux, commet un faux qui porte avec lui implicitement, et sans qu'on puisse l'en séparer, l'intention du mal.

Cette cour a expliqué, autant qu'elle pouvait le faire, en statuant sur les compétences des cours spéciales, qu'il n'est pas nécessaire pour juger qu'il y a faux, que le mal du faux fût certain et absolu dans le moment où il a été commis; qu'il suffisait qu'en ne remplissant pas son devoir, l'officier pût donner lieu à un mal même éventuel, et qu'il fallait juger, en pareil cas, d'après les résultats possibles.

En un mot, cette cour a dit, en propres termes, *qu'il y a essentiellement moralité criminelle dans toute action faite sciemment contre la prohibition de la loi.* Autrement tout ce que les fonctionnaires ou officiers publics feraient sciemment, contre le devoir que la loi leur impose, serait impuni. Il serait bien nécessaire qu'à cet égard, le souverain prononçât une nouvelle loi formelle et rigoureuse.

Ouvrage nécessaire sur les matières de faux.

Il serait bien à désirer aussi qu'un homme expérimenté, studieux, fît, sur les matières de faux, un ouvrage que la perversité de la révolution a rendu si nécessaire, que j'aurais entrepris si je m'en étais senti capable; qui distinguât clairement et avec une précision exacte, les faux matériels et les faux intellectuels, et en expliquât toutes les circonstances; et qui fît bien sentir que le faux intellectuel est le plus perfide, puisqu'il n'a besoin que de tromper l'intelligence, tandis que le faux matériel, pour réussir, a besoin de tromper tout à la fois et les yeux et l'esprit.

Le plus grand nombre des légistes ne conçoivent pas ce que c'est qu'un faux intellectuel, parce que les lois n'en ont pas nommément parlé; ils croient, en général, qu'il n'y a faux que quand il est matériel, et quand il y a contrefaçon ou altération d'écriture, et que les experts sont nécessaires.

En attendant, il faudrait écouter les leçons de la cour régulatrice; elles devraient bien l'emporter sur les funestes habitudes, et décider à s'en corriger; mais la plupart des praticiens et des légistes élevés à Paris sont incorrigibles.

Ils iront jusqu'à vous dire qu'il y a des huissiers nécessaires à conserver, qui, à Paris, quoi qu'on fasse, ne porteront jamais les copies.

Mais qu'importent alors les bonnes qualités de ces huissiers, s'ils ne veulent pas remplir la mission la plus essentielle que la loi leur donne?

Deux classes d'Huissiers.

Il est vrai que la loi a supposé qu'il y a des huissiers qui portent exactement les copies, et d'autres qui ne les portent pas ; ou dont au moins il faut se méfier, puisque, dans certains cas, elle a voulu que le juge choisît et nommât l'huissier qui porterait la copie : mais la sollicitude du gouvernement s'empressera incessamment de la corriger, parce qu'il sentira aisément que cette distinction est affligeante, et ne fait que consolider un abus bien plus grand, qui divise à Paris les huissiers en deux classes.

L'une se croirait déshonorée si elle allait faire des saisies ou la moindre exécution ; cette classe est gravement occupée en pantoufles, dans un superbe cabinet, à donner des signatures sur des exploits que des valets vont porter, et à faire tenir des journaux et des livres de raison, pour les comptes courans, avec ceux qui portent des rames d'exploits à faire, sans s'apercevoir que cela assure la ruine, et cause, par misère, l'indélicatesse de tous les autres huissiers ; ce qui n'arriverait pas si, comme la loi l'entend, tout le travail était réparti, selon ce que chacun peut faire lui - même ; et il sera réparti par force, si l'on tient la main à ce que les huissiers portent eux-mêmes les copies.

L'autre classe d'huissiers que l'on appelle huissiers en sous-ordre, court avec des recors, et exerce le pouvoir exécutif. Mais telle est en général sa corruption, qu'avec quelque pièce d'argent que le débiteur glisse dans la main de l'huissier, il se retire, sans rien faire, en rédigeant, ou sans rédiger, un procès-verbal, et en donnant quelque prétexte dilatoire. Le créancier est trompé ; il est quelquefois obligé de faire faillite, parce que le débiteur s'est procuré le temps de disparaître avec ce que l'huissier corrompu n'a pas saisi chez lui. Si cet

huissier n'a pas été séduit pour se reti-
rer, et qu'il fasse une saisie, il établit,
presque toujours, un de ces gardiens ba-
naux, qui sont gardiens dans plusieurs
endroits à la fois ; qui alors ne gardent
rien, parce qu'ils ne peuvent être partout; et il ne faut pas croire que les frais
de garde, perçus à la fois en plusieurs
endroits, comme s'il y avait plusieurs gardiens, soient tous pour le gardien de nom.
C'est une spéculation et un partage entre
lui et l'huissier exécuteur, et souvent avec
l'huissier suzerain, à moins que ce dernier
ne soit un de ces grands cordons de l'ordre, qui donnent tous les ans pour 5o ou
100,000 f. de signatures, et qui dédaignent
de descendre jusqu'à partager avec ceux
qu'ils traitent en sous-ordre, quoique leurs
égaux par état. Si l'on s'étonnait qu'il y
ait des huissiers qui donnent par an pour
5o et pour 100,000 fr. de signatures, il
y a un moyen infaillible de le savoir, c'est
de vérifier leurs registres, dont les écri-

tures et les comptes courans sont plus multipliés que chez les banquiers.

Ces grands cordons de l'ordre des huissiers forment encore une puissance particulière très-dangereuse, avec leurs com-
pagnies de clercs, de recors, de gardiens,
d'huissiers en sous-ordre, d'avoués et d'a-
gréés au tribunal de commerce, auxquels, moyennant remise, ils distribuent,
pour les poursuivre, les procès qu'ils commencent.

Aussitôt que l'on veut réclamer contre
quelqu'un de leurs méfaits, vous voyez
leur gros bataillon s'insurger, se dissé-
miner, pour faire chorus avec la clien-
telle de tous, afin de trouver des majo-
rités de jurés et de juges, pour l'impunité,
et vilipender, déconcerter l'intrépidité du
magistrat, qui a osé requérir l'application
de la loi. L'on conçoit aussi que les hon-
neurs de ce chorus sont dévolus plus par-
ticulièrement à celui qui ose étudier et ré-
véler, depuis long-temps, leurs mystères,

et surtout quand il ose les écrire et les publier.

C'est surtout contre le peuple commerçant que cette suzeraineté parmi les huissiers est funeste. Vous verrez, par exemple, mille fois, qu'un malheureux qui ne pourra pas payer une lettre de change de 3oo f., avant d'avoir subi une condamnation par défaut, qui, d'après les droits établis, ne devrait pas monter à 3o f., aura à supporter plus de 8o f. avant aucune exécution, parce qu'il faut que le suzerain, sans respecter même la liquidation des dépens, trouve une somme pour lui, après les agréés et les huissiers en sous-ordre, qui alors ne se regardent pas tout à fait responsables, négligent quelquefois jusqu'à l'enregistrement des exploits, ou le contrefont, pour en profiter au préjudice du trésor, et augmenter d'autant la petite part que le chef leur donne ; et de tout cela encore, il ne faut pas donner le défi d'en montrer des preuves.

La responsabilité de chacun, la répartition du travail auraient lieu naturellement, l'indemnité accordée par la loi serait suffisante; les concussions, les attroupemens, les dominations cesseraient par le moyen que je me propose d'indiquer.

C'est trop avoir démontré les écarts que la cupidité cause dans les procédures, et la négligence qui les protége : passons à un autre point.

IIIe POINT.

Le mal contre l'impôt du Timbre.

Ce mal paraît d'abord ne pouvoir pas être bien grand; mais quelques lignes vont faire sentir toute son importance. Ce mal est, à l'égard des justiciables, la concussion la plus basse; et à l'égard du trésor, le larcin le plus odieux.

Il est difficile de se faire une idée de la quantité de papier timbré qu'on suppose employé et qu'on n'emploie pas, ou de celui qu'on fait servir deux ou trois fois. Tout ce papier, les justiciables le paient ou le remboursent, comme si le trésor l'avait fourni et avait profité du prix, tandis que ce sont les avoués qui en profitent.

Ce n'est pas précisément par les copies qu'on ne fait pas et qu'on suppose faites, ni par les copies de plusieurs actes qu'on met sur la même feuille, et qu'on compte ensuite comme si l'on avait employé un papier particulier pour chacune, ni par les feuilles qu'on fait servir deux et trois fois, que l'on peut prendre une grande idée de ce mal, quoique ce détail soit très-étendu et enlève déjà une somme considérable au trésor ; car, dans un seul incident, un avoué avait fait treize requêtes grossoyées ; il en avait mis dix sur papier qui avait servi deux et trois fois, et celui-là seul a été condamné à payer 1,100 fr. d'amende.

Mais c'est le papier timbré qu'on suppose employé et qu'on n'emploie ordinairement qu'en partie, ou qu'on n'emploie pas du tout pour des originaux, des grosses, des copies de requêtes, des affiches, des comptes, etc. Par exemple, lorsque dans un incident trois ou quatre avoués comptent, comme je puis le montrer, jusqu'à quatre-vingts requêtes, qui font supposer, l'une dans l'autre, qu'on a dépensé pour chacune huit à dix feuilles de papier ; quand des avoués font des notifications d'actes de vente, d'inscriptions, ou des affiches comptées par centaines, quelquefois de quatre ou cinq grandes feuilles chacune, quoiqu'on n'en fasse jamais dix ; quand, dans certaines occasions, le papier timbré seul, pour un seul de ces actes, suppose et fait compter un déboursé de plusieurs centaines, et même de plusieurs mille francs, sans qu'on ait dépensé le dixième.

Qu'on se figure alors la quantité de papier que tout cela force les justiciables de payer sans qu'il ait été employé.

Plusieurs exemples du mal sur le Papier timbré.

Il a été rédigé plusieurs fois, et surtout en mars 1810, un procès-verbal, sur plus de cinquante pièces que le client avait retirées de chez son avoué en le révoquant, et qui auraient été au nombre de plusieurs centaines, s'il avait pu avoir celles fabriquées contre lui; mais les avoués s'arrangent de manière que, quand un avoué a vu la paperasse fabriquée contre son client par son confrère, il n'y a aucun moyen pour le justiciable de la voir lui-même; c'est-à-dire que les avoués prétendent que ce n'est qu'entr'eux qu'ils doivent voir les pièces, afin que les justiciables qui pourraient y connaître quelque chose ne les voient pas, et que tout ce qui est mal soit regardé comme bien.

J'ai sous les yeux deux états qui regardent la même personne. Dans l'un, il y a un article de 660 fr. pour papier timbré d'une affiche, et 100 francs d'impression ; dans l'autre, six articles portent, pour papier timbré ou impression d'une première affiche, 2,217 fr. ; six autres articles portent 2,875 fr. pour une seconde affiche; et les procès-verbaux de l'huissier ou de l'afficheur, chaque fois, s'élèvent à plus de 300 fr. Tout cela s'élève, pour papier timbré ou affiches, à plus de 6,000 fr.

Allez vérifier les registres des bureaux du papier timbré du quartier de l'avoué qui a porté ces articles de prétendus déboursés, vérifiez ceux de tous les quartiers de Paris, et vous verrez si cette somme énorme pour papier timbré est entrée dans la caisse du trésor, qui n'a peut-être pas même reçu alors un article de 100 fr.

Si l'on interrogeait aussi l'afficheur, l'huissier, qui ont signé les procès-verbaux d'affiche, ils conviendraient, et cela est d'ailleurs notoire, qu'on ne fait que trois ou quatre affiches, quoiqu'on les compte

par centaines, et qu'ils ne reçoivent peut-
être chacun que 3 ou 4 fr.

Ce qu'il y a de plus audacieux, c'est que
les avoués taxateurs et les chambres d'a-
voués passent la plus grande partie de ces
articles, comme les pièces que j'ai sous les
yeux le prouvent, sachant bien que ce
sont des suppositions ; et lorsque, par
exemple, l'avoué demandera 840 fr. pour
un déboursé de papier timbré sur lequel
il ne devrait pas s'être trompé, ils le ré-
duiront à 680 ; lorsqu'il demandera 3oo f.
pour un article de papier timbré, ils le ré-
duiront à 240, pour avoir l'air de taxer et
réduire ; ils passent aussi l'impression sans
même avoir sous les yeux les quittances,
parce qu'on ne trouve pas toujours des
imprimeurs complaisans pour donner quittance de ce qu'ils n'ont pas fait : comme
ils passent des requêtes, des grosses, des
copies qui n'existent pas, ou qui ne sont
que commencées. Je ne dis tout cela que

parce que j'en ai des preuves authentiques, et parce que, quand on démasque une puissance redoutable, il faut que tout ce que l'on dit soit constant.

Le préposé de la régie a dit que, si cela durait, l'impôt du papier timbré serait plutôt créé au profit des officiers ministériels que du trésor.

Ce n'est donc pas une exagération de dire qu'il y a des années où, sous prétexte de papier timbré employé, il a été commis un enlèvement envers le trésor de plus de 5 à 600,000 f., et une exaction d'autant sur les justiciables au profit des avoués, qui n'a pas même entièrement cessé, tant s'en faut, malgré les violentes recherches, les procès-verbaux et les amendes.

Que les avoués soient réduits à un nombre tel qu'ils puissent vivre d'un travail légitime, et sans avoir besoin de recourir à tous ces mauvais moyens, et qu'il n'y ait que les procès inévitables, et ce mal encore sur le papier timbré, au préjudice des justiciables et du trésor, disparaîtra.

IVe POINT.

Le mal dans les Taxes des frais.

Ici personne ne peut se vanter de dire toute l'étendue de ce mal incurable, jusqu'à ce que l'on devinera les principales ruses, présentes et futures, des officiers ministériels, et qu'une disposition de loi générale et bien énergique les frappera; car la sagesse du gouvernement en a bien l'intention, si jamais il aperçoit comment cela peut se faire.

Il faut sans doute que les officiers ministériels vivent de leur état; et lorsqu'un procès sérieux, qui dure quelques mois, donne dix et vingt louis à l'avoué, il n'y a rien à dire. S'il n'y avait que trente avoués et mille procès, ils auraient plus de trente procès chacun par an, et ils pourraient gagner encore 5 à 600 louis. S'il n'y avait que cinq cents procès, et qu'il n'y eût que quinze avoués, ce serait la même chose, et ce serait assez.

Mais lorsque, dans un procès ordinaire, et quelquefois même dans un incident, trois ou quatre avoués, qui ne peuvent faire qu'une ou deux requêtes au plus, en font dix, vingt, quarante, quatre-vingts, et qu'ils demandent 1,000, 10,000, 20, 50, 100,000 fr.; lorsque les avoués ont su souvent abuser de la législation, jusqu'à prétendre, comme il y en a des exemples, qu'un seul droit de copie peut quelquefois, pour remplir une seule formalité, donner jusqu'à 100,000 f., et faire passer sur l'ins-tant toute la fortune d'un riche justicia-ble dans les mains d'un avoué, rien ne saurait être plus déplorable, plus pressant à réprimer.

Plusieurs exemples du mal des frais.

L'on a vu dans une affaire, et l'on pourrait en donner la preuve, deux noti-

fications dans lesquelles le droit de copie
a donné pour l'une 47,000 fr., pour
l'autre 54,000 fr., ce qui fit 101,000 fr.
Les biens ne furent pas assez considérables pour payer; l'avoué fut obligé de
se restreindre à 60,000 fr. : le malheureux
justiciable n'en fut pas moins obligé d'a-
bandonner sa terre, et ruiné. Chaque
jour, dans les détails, ce droit de copie
est le plus meurtrier, et ruine des milliers
de famille. J'ai dans le moment sous les
yeux un petit état de frais, dans lequel,
sur 561 fr. d'émolumens pour l'avoué, il y a
environ 360 fr. de droit de copie. Ce droit
est pris lors même qu'on fait imprimer les
copies ; souvent on le prend pour l'acte
entier, quoiqu'on n'en donne que des ex-
traits. J'avais indiqué, lors du code de
procédure, qu'on devrait fixer un *maxi-
mum* pour ce droit, qui ne pourrait jamais excéder 100 fr., et les frais d'impression. Je ne sais pas encore comment le
génie des officiers ministériels a pu être

assez subtil pour échapper, dans le tarif, à cette restreinte salutaire, et empêcher qu'elle fût adoptée.

Dans ce moment il existe deux procès de la part d'un avoué qui demandait 13,900 fr. pour solde d'un mémoire de frais; les avoués eux-mêmes n'ont pu s'empêcher de donner un avis suivant lequel il n'est dû à cet avoué que 247 fr.; c'est-à-dire qu'il demandait plus de cinquante fois au-delà de ce que ses confrères même ont dit qu'il lui était dû; et s'ils n'avaient pas voulu le trouver créancier, parce qu'un avoué n'a jamais tout à fait tort parmi ses confrères, ils auraient dit qu'il avait plus de 3,000 fr. à rendre sur 11,000 fr. qu'il a reçus du client ou de ses débiteurs.

Il existe aussi cinq ou six points de contestation dans un compte à suite d'un ordre; et toutes ne viennent que de ce que cinq ou six avoués ont fait des frais frustratoires, que les parties refusent toutes de supporter, et que les avoués, malgré le texte de la loi, ne veulent pas supporter eux-mêmes.

L'on a vu, dans une assemblée de créanciers chez un notaire, un état de frais qu'un avoué portait à plus de 90,000 fr., réduit à environ 7,000 fr.

Il y a une tactique habituelle qui ferait désespérer de jamais y mettre ordre, si le monarque n'extirpait pas ce mal dans sa racine avec le plus grand soin : ce qui va suivre en prouvera encore davantage la nécessité.

Lorsque vous dites aux avoués que certains de leurs droits, et surtout le droit de copie, sont exorbitans, ils vous répondent que c'est la faute de la loi.

Et quand le législateur retouche la loi, les avoués savent faire croire que leur grimoire n'étant connu que d'eux-mêmes, il faut les entendre dans leurs observations. S'ils laissent supprimer quelque droit contre lequel on avait crié, leur génie sub-

til en fait créer ou remanier et augmenter dix autres, qui leur donnent cinq ou
six fois plus que le droit qu'ils perdent ;
et ils ont encore l'adresse, par leurs
protecteurs, de faire croire que leur tarif
est diminué.

Preuves par les reproches des Avoués entr'eux.

Voulez-vous la preuve la plus claire qui
ait jamais existé ; voulez-vous juger les
avoués par les avoués eux-mêmes, veuillez
ici redoubler un instant votre attention.
Je n'irai pas chercher bien loin les pièces
par eux écrites.

Il faut rappeler que lorsqu'on a fait le
code de procédure, et qu'on a cru avoir
diminué les formalités, et espéré que ce
code serait exécuté, l'on a pensé aussi que
les avoués de première instance étaient
trop nombreux, et 262 avoués qui existaient ont été réduits à 150.

Mémoire important des Avoués éliminés contre les Avoués conservés.

Savez-vous ce qu'ont fait les avoués qui se sont trouvés éliminés par cette réduction, et auxquels on a ordonné que les avoués conservés paieraient une indemnité qui serait appréciée par trois commissaires, et pour laquelle on ne voulait d'abord leur donner que trois ou quatre mille francs ? Ils ont fait un mémoire imprimé, adressé aux trois commissaires appréciateurs, dans lequel, par la comparaison mathématique et incontestable du nouveau tarif avec l'ancien, ils ont démontré que les dix principaux articles qui ne coûtaient auparavant aux justiciables que dix-neuf fr., coûtent désormais cent sept francs, c'est - à - dire au-delà de cinq sixièmes de plus. Ce mémoire n'a pas même dit que le nouveau tarif permet aux avoués de percevoir autant de plaidoiries de remise de cause qu'il leur

(89)

plaît d'en faire , tandis que les précédens leur défendaient d'en faire au-delà
de trois, et qu'on a même augmenté d'un
tiers le taux de ces plaidoiries; qu'il les
autorise aussi à multiplier, tant qu'ils
veulent, les rôles des requêtes , tandis que
les précédens défendaient d'en faire plus
de quinze rôles pour le premier chef, et
plus de six rôles pour chacun des chefs
suivans.

Il y a une particularité remarquable dans
ce mémoire ; on y voit que depuis peu de
jours un avoué conservé, neveu d'un grand
protecteur des avoués, l'un des trois commissaires, avait reçu de l'un des avoués
éliminés 7,600 fr. pour une simple poursuite de surenchère, somme dix fois plus
forte que l'indemnité d'une année de la
plupart des juges de l'empire, et qui donne
une idée des petits profits de ces messieurs;
et l'on ne voulait d'abord donner aux avoués
éliminés que trois ou quatre mille francs

pour les indemniser de tous les avantages de leur état.

Mais voici ce qui arriva : c'est qu'au moment même où l'on commençait à distribuer ce mémoire, l'on s'empressa de fixer l'indemnité de chaque avoué éliminé à 20,000 francs, et le mémoire fut étouffé. Nous avons pourtant un exemplaire de ce mémoire précieux pour le gouvernement et pour les justiciables, et nous pouvons le montrer à tous les curieux.

Pourquoi ce mémoire n'a-t-il pas été, au contraire, connu de suite de S. Exc. le grand-juge, du conseil d'état et du monarque lui-même, afin d'y trouver les preuves et les aveux des officiers ministériels eux-mêmes de leurs surprises, jusque dans les décrets du monarque ? Il n'est pas douteux que si ce mémoire eût été connu, le gouvernement se serait occupé aussitôt du mal qu'il indique, pour le réparer.

Ah ! pourquoi ? c'est là une des choses.

qu'il ne faut pas publier, et qui ne doivent être dites qu'au gouvernement, et quelquefois qu'au monarque lui-même.

Mode abusif des Taxes.

Comment, d'après cela, ne croirait-on pas à toutes les facilités qu'ont les avoués pour faire taxer, à peu près toujours, tous les frais comme il leur plaît ?

On vous dira bien qu'ils font signer les taxes par des juges qui sont les maîtres de les voir, et qui quelquefois retranchent, diminuent quelqu'article.

Ah ! si l'on savait toute la différence qu'il y a, à cet égard, entre la finesse et l'expérience des avoués et celle des juges, et combien les juges en général, occupés à de plus grands objets, sont peu habitués à éplucher des états de frais, et à examiner si une procédure a été grossie dix fois plus que la loi ne le permet ! La plus grande expérience se perd souvent dans le dédale des procédures.

Depuis le nouveau code, ils ont su imaginer une perfidie des plus nuisibles. Quand il y a eu appel, c'est à un juge d'appel qu'ils présentent à signer l'état de tous les frais ; et ils y comprennent et présentent en tête, par un seul article en bloc, la totalité des frais de première instance, qui sont souvent les plus considérables ; mais ils ne remettent pas au greffe, malgré le vœu de la loi, ni sous les yeux du juge, le détail des articles de cette liquidation de première instance. Je connais une affaire d'un malheureux qu'ils font plaider, qu'ils ruinent, et qu'ils appellent encore processif, contre lequel les dépens de première instance sont ainsi portés en bloc à plus de 6,000 fr. dans trois états d'appel, où le détail des frais d'appel ne va pas à 3,000 ; il n'a pas encore été possible de forcer les avoués à remettre au greffe les états détaillés de ces liquidations furtives des dépens de première instance.

C'est surtout, en ne distinguant pas les

causes sommaires des causes ordinaires,
que se pratiquent sourdement les super-
cheries, et en les faisant taxer presque
toutes comme ordinaires.

Il faut réfléchir aussi qu'il n'y a que
les affaires qui finissent à la rigueur, et
pour les dépens dont la condamnation est
prononcée et s'exécute, qu'il y a taxe par
le juge; tout le surplus qui forme plus des
trois quarts des frais qui se font, se paie
sans taxe de juge, et sur la taxe faite par
des avoués, et quelquefois sur simple état;
et Dieu sait alors quelles exactions sont
exercées, surtout contre la veuve et l'orphelin, et combien il serait nécessaire
d'ordonner qu'on ne pourrait jamais faire
payer des frais qu'après taxe par justice
et par des juges qui en eussent l'habitude.

Ils savent si bien s'y prendre, quand ils
doivent être taxés par le juge, que toujours ils commencent par se taxer entr'eux.
Ils savent, par politique, glisser quelque
article qu'ils retranchent ensuite, afin qu'on

dise qu'il a été fait quelque diminution ; mais la procédure en général n'est presque jamais critiquée, même lorsque le client qu'on immole y connaît quelque chose et pousse les plus hauts cris. Tout se fait presque toujours sans qu'on prenne la peine de lire les pièces, sans examiner même, comme il y en a des preuves, si c'est véritablement celui contre lequel on taxe qui est condamné aux frais. Tout finit par une signature que quelque juge, et presque toujours le président, met au bas de l'état, et qui produit dans la minute un exécutoire dont la somme est exigible sans terme ni délai. Le lit du malheureux justiciable qui s'attendait à 100 fr. de frais, est subitement enlevé, s'il n'en paie pas 1,000 ; car il n'y a pas de dette plus prompte, plus dure que celle des dépens. Je pourrais en donner plusieurs exemples, en racontant surtout le malheur d'un employé aux contributions, qui, après avoir donné à deux avoués tout son argent comptant , leur transmit pendant long-temps son traitement, ne se réservant que le pain strictement nécessaire pour lui et sa famille, et qu'ils mangèrent long-temps trempé de larmes (1).

---

(1) Ce qu'il y a de plus désolant, c'est que lorsque vous avez pu saisir l'instant de réclamer contre une taxe, toujours faite d'abord par les avoués, et sur laquelle ils ont fait mettre par le juge sa signature, il vous est impossible, en disant qu'il y a dans la taxe une foule d'articles dont les pièces sont ou faites après coup, ou supposées exister quand elles n'existent pas, d'obtenir qu'un juge soit délégué pour lui montrer, en vérifiant les pièces, l'évidence de ce que vous avez avancé. Les avoués ont su introduire l'usage de faire renvoyer encore à la révision de leur chambre, ou de quelques-uns d'entr'eux, la taxe déjà faite par des confrères; et par ce circuit vicieux, inconcevable, pitoyable, leurs excès sont toujours jugés par eux-mêmes en premier et en dernier ressort. Si vous criez, si vous écrivez à leur syndic, il vous prédira, même par écrit, qu'en parlant si haut vous ne serez pas écouté; et vous ne l'êtes

Abus des expressions du nouveau Tarif pour empêcher toute réclamation contre les Taxes.

On va voir encore ici que le génie des avoués, depuis les nouvelles lois, sait rendre les formalités des taxes beaucoup plus dures

----

pas. Heureux si vous n'êtes pas déclaré calomniateur, même envers les avoués, comme je l'ai vu arriver, sans qu'on ait voulu voir les pièces qui justifiaient tout ce que vous avez dit ! Veut-on de tout cela des preuves écrites, et que quelqu'un ne cesse de demander qu'au moins une fois l'on prenne la peine de souffrir qu'il montre les pièces écrites, et de les visiter ; jusqu'ici il n'a pu y réussir. On .veut même que, quand il a payé et qu'on lui remet à lui-même les pièces, il ne lui soit pas permis d'en constater l'état. Je l'ai vu forcé, dans une occasion, de tolérer cette tyrannie qui, pour des faits semblables, dure encore ; mais je lui connais une fermeté et une persévérance telles que ces atroces procédés ne seront pas toujours impunis.

pour les justiciables, qu'elles ne l'étaient auparavant.

C'est en abusant surtout de la disposition de l'art. 6 du décret impérial du 16 février 1807, qui est à la suite du nouveau tarif : elle porte qu'après la taxe, vous n'avez, pour l'attaquer par opposition, que *trois jours, à dater de la significa-tion de l'exécutoire à avoué*, tandis que le décret a dû nécessairement entendre *du jour de la signification à partie;* car quel est, grand Dieu ! l'avoué qui, dans les trois jours de la signification à lui faite, osera venir éveiller son client contre son confrère, et lui dire qu'il faut former opposition à la taxe !

Il est très-inutile de dire ici, parce que cela est notoire, comment les avoués et leur chambre savent persécuter celui de leurs confrères qui se permet de faire quelque chose de contraire aux intérêts du corps, et comment ils savent le forcer à se soumettre à la volonté de leur état-major. S'il ne fallait pas abréger, les détails de cette tyrannie seraient encore bien curieux.

Espérons aussi que le gouvernement perfectionnera cet article du décret, et qu'il n'en laissera pas plus long-temps profiter les ennemis des justiciables, dès que son oreille en sera frappée, et qu'un nouveau décret commencera par faire substituer au moins le mot *partie* au mot *avoué*, en attendant mieux; et ce mieux devra être de rappeler la vigueur des anciennes lois sur les taxes des frais et sur les concussions, même sur les tentatives, et surtout l'article 7 du titre 31 de l'ordonnance de 1667, qui veut que, pour peine de la tentative d'exiger des articles non dus, il en soit rayé autant de ceux qui ont été passés en taxe qu'il en avait été demandé mal à propos, et la loi du 27 mars 1791, qui veut qu'on poursuive comme concussion tout ce qui a été mal à propos passé en taxe, et que le juge même qui a fait la

taxe, soit personnellement responsable de
la restitution, sauf son recours contre
celui qui a fait faire la taxe. Jamais ces lois
ne furent plus nécessaires.

On a abusé de cette disposition du décret, qui ne permet d'attaquer la taxe que
dans les trois jours de la signification à
avoué, surtout avec la faveur que les officiers ministériels savent toujours obtenir,
jusqu'à dire qu'après ce délai de trois jours
de la signification à l'avoué, quoique cela
ne puisse s'entendre que de la révision, et
non pas de la nullité de la taxe, la partie
ne pouvait pas, quand elle connaît la
taxe, l'attaquer même par *nullité*.

Il y a des arrêts qui n'ont pas voulu (1),
malgré des explications bien précises, faire
la distinction entre la révision et la nullité
d'une taxe.

---

(1) Un arrêt semblable a été encore rendu le
28 juillet 1810, depuis que le présent écrit a été
terminé.

En sorte que si l'on surprend contre vous, comme il y en a chaque jour des exemples, un exécutoire radicalement nul, soit parce qu'on aura qualifié ordinaire une cause sommaire, ce qui décuple les dépens, soit pour vous faire payer des dépens pour lesquels il n'y a pas de condamnation, et si votre avoué laisse passer trois jours après que la signification lui est faite, sans l'attaquer, vous ne pouvez pas vous-même dire qu'il est nul par sa base, et l'attaquer quand on vous le signifie, et vous êtes forcé de payer sans rémission. Il est donc bien nécessaire d'expliquer cette disposition du décret, afin d'éviter qu'on ne continue pas d'en abuser, pour faire consacrer les surprises et les concussions.

Vengeance contre le juge qui ose dévoiler tant de mal.

Ce qui afflige encore plus, c'est l'adresse continuelle des malfaiteurs pour se faire protéger, et l'impossibilité d'obtenir contre eux l'exécution des lois. Je puis dire et assurer avoir vu qu'un juge courageux qui a voulu résister et combattre ces excès, a été aussitôt criblé par des copies soufflées. La première copie soufflée contre lui ne coûta qu'un dîner donné à un clerc d'huissier. Ce faux fut impuni au moyen d'un autre dîner donné, le lendemain du jugement, à cinq juges, avec des femmes, chez l'un des accusés. On a supposé des créances sur les biens de ce juge; on a provoqué des troubles dans ses possessions; on l'a écrasé, on l'écrase encore par des concussions qu'on sait continuellement faire protéger; on lui a déjà dévoré plus de 3oo,ooo fr., et encore de tout cela, je puis en montrer les preuves écrites. Les annales de la justice n'offrent rien de si douloureux.

Vᵉ POINT.

Remède général.

Le moyen que je vais indiquer préviendrait ces malheurs et tous ceux dont j'ai
parlé.

Qu'on n'aille pas croire que je vais le
puiser dans l'ordre judiciaire ancien ; Dieu
nous préserve des parlemens, comme des
justices de village !

Ecoutons les hommes sages. Voyons
d'abord Loyseau : ce que nous allons dire
va se trouver aujourd'hui plus nécessaire
qu'on ne pense.

Danger des Justices de village.

« C'est la ruine d'un village d'y avoir
» justice ; cela apprend à plaider aux
» paysans et les détourne de leur travail.
» Il ne faut qu'un sergent pour ruiner un
» village ; que sera-ce s'il y a un nombre
» complet d'officiers ? Il ne faut pas tou-

» jours dire que c'est le soulagement du
» peuple de lui rendre justice sur le lieu....
» A bien entendre, les frais sont plus
» grands en ces petites mangeries de vil-
» lage : il faut saouler le juge, le greffier,
» en une belle taverne, qui est le lieu
» d'honneur où les actes sont composés,
» et où bien souvent les causes sont jugées
» à l'avantage de celui qui paie l'écot. »

Je ne pense donc pas qu'il faille ressusciter la moindre juridiction dans les villages.

Danger des Maximes des Parlemens,
qu'il faudra toujours éviter.

Si l'on remonte à l'autre extrême, et
cela n'est pas encore inutile, il n'y a à dire
qu'un mot contre les parlemens, pour
prouver qu'un monarque qui y penserait,
serait l'ennemi de lui-même, et qu'il doit
même bien prendre garde qu'aucun magistrat, aucun sujet, n'ose rien dire qui
montre le moindre désir de les voir re-
naître.

Qu'on rappelle à quel point les parlemens avaient porté l'abus des anciennes
ordonnances, et surtout de celles de 1453
et de 1467, de Charles VII et de Louis XI,
dans lesquelles ces rois avaient eu la faiblesse de donner une telle étendue de
pouvoir aux parlemens, qu'ils se croyaient
supérieurs aux rois eux-mêmes, surtout
parce que, dans l'art. 67 de l'ordonnance
de 1453, le roi avait dit que, s'il donnait
des lettres d'état pour empêcher des jugemens, ce ne serait que par importunité,
et que d'avance, il ordonnait à tous juges
de ne pas y obéir, et leur enjoignait de
continuer de poursuivre et juger, sous
peine d'être punis. Un roi qui dit d'avance
aux juges qu'il crée, de lui désobéir !

C'est principalement de ces mauvaises
lois que les parlemens tiraient avantage,
pour prétendre qu'on ne pouvait jamais
les empêcher de tout juger, et de s'occuper
de tout, même lorsque le roi, le trône ou
son domaine corporel étaient compromis.

Que de scènes scandaleuses n'a-t-on pas vues dans le siècle dernier, et quel mal n'ont-elles pas causé ! Si le seul nom de parlement reparaissait, l'on verrait dans un temps ou dans un autre, reproduire ces chimères toujours propres à causer des troubles dans un état (1).

____

(1) Dans un discours qu'on s'est bien gardé de laisser analyser dans les feuilles, l'on a dit, depuis que cet écrit a été fait, que les juges ne doivent compte de leur opinion qu'à Dieu, et qu'ils doivent dire : *Dieu, l'empereur et la loi;* comme si les juges avaient d'autre Dieu que la loi, et comme s'ils pouvaient juger chacun selon les principes de sa croyance et de sa passion. Alors le juge catholique devrait donc suivre la maxime, *quod Deus conjunxit homo non separet,* et ne jamais opiner pour le divorce, quoique la loi le permette. L'on a entendu dire aussi qu'il faudrait appeler *tournelle* la chambre criminelle, pour arriver peu à peu au mot *parlement,* et renouveler toutes les séditions ultramontaines et parlementaires, qui voulaient que les papes fussent

C'est bien le cas ici d'établir une base bien essentielle pour la sûreté de la monarchie et du monarque, que des factieux seuls peuvent contester, qui est que le monarque a le droit de juger lui-même dans tous les cas, quand il le croit nécessaire, ou de faire juger par qui il lui plaît.

Nécessité que le Monarque ait le droit, quand il veut, de tout juger.

Ce droit ne viendra pas, si l'on veut, de ce que les rois jugeaient tout autrefois eux - mêmes, quand ils voulaient ; mais c'est un motif de tous les temps et de tous les lieux, c'est l'intérêt et la tranquillité du peuple lui-même qui le veulent, autant que l'intérêt des rois.

---

les supérieurs des rois, et les parlemens leurs tuteurs. Napoléon y mettra ordre pour lui et ses successeurs, en éloignant les séditieux qui montrent les germes de ces opinions, et qui ne craignent pas, dans les actions solennelles, de les montrer.

Un de nos contemporains, qui marche en première ligne parmi les savans en législation, et surtout en droit public, qui a fait deux ouvrages, l'un sur la compétence des juges de paix, l'autre sur l'autorité judiciaire, qui devraient être dans les mains de tous ceux qui s'occupent d'affaires de justice, que la jalousie n'a pas manqué de critiquer, en disant qu'il s'y montrait partisan des parlemens, a établi lui-même le droit personnel du monarque, en matière de justice, de la manière la plus judicieuse et la plus profonde.

M. Henrion, en examinant jusqu'à quel point s'étend l'autorité judiciaire que la personne du prince peut exercer lui-même, a écrit, page 91 : « Si, lorsqu'il plairait à
» des citoyens, ou à une corporation, de
» contester au prince telle ou telle de ses
» prérogatives, la question était soumise
» à un tribunal, il est clair que de fait la
» souveraineté résiderait dans ce tribunal,
» puisque, supérieur aux lois fondamen-

» tales de l'état, supérieur au prince lui-
» même, il pourrait successivement le
» forcer à descendre tous les degrés du
» trône, changer ainsi la forme du gou-
» vernement, et compromettre à son gré
» la tranquillité publique. Dans l'impuis-
» sance de déférer les jugemens rendus
» contre lui à une autorité supérieure,
» puisqu'il n'en existerait pas, que serait-ce
» qu'un roi dans un pareil ordre de choses ?
» le jouet des factieux. Il faut donc dire,
» ajoute-t-il, que le prince n'a pas de su-
» périeur ; et quand on veut lui nuire, la
» *nécessité* même, pour la tranquillité
» publique, le constitue juge. *Superio-*
» *rem non habet princeps ; ac proindè,*
» *nisi eum à subditis impunè spoliari*
» *posse dixeris, ipsa eum judicem cons-*
» *tituit necessitas.* »

M. Henrion explique même que, quand
il s'agit des droits corporels du domaine,
et de tous ceux qui dérivent de la nature
du gouvernement, comme déshérence,

bâtardise, confiscation, aubaine, impôt et autres, le prince peut évoquer et juger lui-même, parce que personne ne doit pouvoir donner atteinte à ce qui constitue ses moyens, son autorité, sa splendeur, et sa sûreté, dans laquelle réside celle du peuple; il doit nécessairement avoir le droit de l'empêcher, et la raison seule le fait sentir.

Ainsi il ne faudrait pas qu'on se permît de dire que le monarque n'a pas le droit de juger; il suffit qu'il pense lui-même que sa couronne ou la tranquillité publique sont intéressées même dans un débat entre particuliers, pour qu'il puisse sur l'instant, quand on a jugé, ou quand on veut juger, évoquer et rendre un arrêt de son propre mouvement.

M. Henrion n'a exalté l'ancien ordre judiciaire, que parce qu'aux faiblesses près de quelques rois, qui avaient causé l'orgueil et les entreprises des parlemens, et sauf la superfétation et l'ignorance des

nombreux tribunaux d'exception, l'on jugeait assez bien alors les contestations par-
ticulières sur les points de droit positif,
surtout quand il n'y avait pas des abus et
des diversités de jurisprudence entre les
parlemens, ou entre les chambres d'un
même parlement.

L'expérience voyait au milieu de cet
ordre de choses, en frappant quelque coup
vigoureux, le moyen de fixer un ordre
judiciaire simple, et propre à procurer aux
sujets une bonne et prompte justice. Ce
n'était aussi que contre ces abus que la
révolution, en commençant, se proposait
d'agir ; mais quand elle a tout détruit,
sans avoir rien de prêt pour mettre à la
place, l'on s'est jeté dans les systêmes,
dans des innovations entières, sans avoir
le temps de choisir dans le passé ce qui
était bien, et sans même vouloir y regarder
pour y prendre quelque chose, de peur de
faire revenir le tout.

Aujourd'hui avec un seul homme, nous

pouvons tout voir, tout analyser, tout mettre à profit sans rien craindre.

Deux bonnes Institutions que nous a données la révolution pour nous consoler de ses maux.

Commençons donc par apercevoir que la révolution, comme pour nous consoler de ses maux, nous a donné deux institutions judiciaires que nous ne changerons pas, qui sont les juges de paix et la cour de cassation ; et nous aurions dit à peu près tout ce que la révolution nous a donné de bon, au milieu de tant de maux, si elle n'avait fait trouver encore parmi nous l'homme qui est lui-même tous les biens, et qui, sur l'instant de son apparition, cicatrisa tant et de si affreuses plaies, et qui en cicatrise chaque jour.

Utilité présente et éternelle de la Cour de Cassation.

La cour de cassation, qui forme le sommet, fera éternellement l'éclat de l'édifice, surtout quand il sera réparé. C'est elle qui le soutient; c'est elle qui, par la marche si simple de sa procédure, par la publicité de ses jugemens, tranquillise les justiciables; c'est elle qui, formée par une réunion de savans des quatre coins de l'Empire, plane, comme un second soleil, sur toute sa surface, donne la lumière si précieuse, si nécessaire au moment des codes naissans, pour l'interprétation uniforme des nouvelles dispositions qu'ils introduisent dans nos lois, et surtout du *Code Napoléon;* et qui évite le scandale infaillible, si elle n'existait pas, de voir presqu'autant de codes différens qu'il y a de cours d'appel : si la cour de cassation tombait, tout le droit positif tomberait avec elle.

Si quelques, rusés dans les arrêts des cours d'appel, et contre lesquelles je dirai un mot pour y remédier, ne paralysaient pas souvent d'avance les secours de cette cour, son institution aurait été déjà tout à fait merveilleuse.

Quel malheur si les ennemis de cette cour, dont l'ignorance se permet de dire qu'il n'y aura pas de souveraineté tant qu'il y aura une cour de cassation, allaient faire retomber les justiciables, qui ont besoin d'un recours suprême, dans des bureaux amphibies, où les pièces judiciaires seraient confondues avec les pièces d'administration !

Ce mal serait trop grand pour craindre qu'il arrive.

Procédure simple de la Cour de Cassation à adopter partout.

Qu'est-ce donc que la raison et l'expérience indiquent qui soit bien, pour le placer entre la cour de cassation et les

juges de paix; et quelle serait la marche
à suivre pour anéantir les neuf dixièmes
des procès suscités par humeur, ou par
cupidité, et pour rendre presqu'insensible
le mal des procès inévitables, qui forment
à peu près l'autre dixième ?

Qu'on daigne encore ici redoubler d'attention, et qu'on réfléchisse si, en adop-
tant la procédure si simple qui est en
usage devant la cour de cassation, où personne ne plaide sans en avoir obtenu la
permission, si en ôtant aux avoués et aux
huissiers la faculté de commencer eux-
mêmes à tort et à travers des procès, l'on
ne pourrait pas prévenir, par cela seul,
les neuf dixièmes des procès, qui n'existent
que par les excès que j'ai fait connaître, et
si l'on ne rendrait pas le mal de l'autre
dixième presqu'insensible.

Justice bonne et prompte, avec trois mille cinq cents Juges au lieu de dix à onze mille, et quinze cents Avoués au lieu de onze à douze mille.

Aussitôt l'on ne verrait plus cette foule de juges qui va à dix ou onze mille, cette cohue d'avoués qui va à onze ou douze mille, ni les huissiers encore plus nombreux, ni les clercs ou recors qui les entourent, et qui forment entre tous une armée de plus de cent mille hommes disséminés parmi le peuple, et qui lui font sans cesse plus de mal, comme le disait il y a deux ans le Journal de l'Empire, qu'une armée de quatre cent mille soldats à discrétion. L'on verra, et je le prouverai dans l'instant, que trois mille cinq cents juges environ, qui pourraient alors être tous instruits, et quinze cents avoués au plus, rendraient aisément la justice, tant criminelle que civile, et qu'elle serait aussi bonne, aussi prompte qu'elle ait jamais pu l'être.

Tout le surplus, qui ne vit qu'en rongeant les justiciables par des inutilités, serait mis à nu, se trouverait de trop de lui-même : n'ayant plus d'aliment, il se verrait forcé de disparaître à jamais. Les lecteurs qui aiment à rire de tout, diront ici que le bien de mon remède donnerait non-seulement la mort aux procès, mais encore la mort aux rats... de palais, et cela est vrai.

Un mot sur un travail projeté contre les Banqueroutes et les Expertises.

J'ai encore des matériaux prêts pour essayer de donner *la mort* aux banqueroutes.

Cet avantage serait surtout bien nécessaire dans un moment où la mauvaise foi abuse si fort des clabauderies contre le commerce : il pourrait s'opérer en réduisant le nombre de ceux qui seraient admis à faire faillite, en forçant les commerçans à suivre un ordre jusqu'ici imprévu, et les faillis à être toujours présens, pour expliquer eux-mêmes aux créanciers ou à leur représentans, ce qu'ils doivent savoir, et dont on confie l'explication à des tiers qui ne le savent jamais; en laissant aux intéressés le droit d'agir eux-mêmes directement, en réputant banqueroutier frauduleux tout failli qui ferait la moindre absence.

Je voudrais aussi rassembler quelques observations précieuses sur les vices et le remède des expertises.

En matière civile, dans les villes, elles sont une sorte de routine, surtout dans les mémoires des ouvriers, des fournisseurs, qui ordinairement mettent un cinquième de plus que ce qu'ils veulent avoir, et pour les experts qui se bornent à peu près à retrancher ce cinquième. Dans les campagnes, elles laissent altérer l'agriculture, dévaster les propriétés, en choisissant toujours des fermiers pour experts, tandis que les lois anciennes, que j'indiquerais et qui ne sont pas abrogées, veulent que sur trois experts, il y en ait deux pris parmi les bourgeois ou propriétaires.

En matière criminelle on laisse, surtout dans les faux où elles s'exercent continuellement, les experts se concerter pour faire des rapports presque toujours uniformes, et pour ne pas décrier leur art déjà trop suspect, quand des lois qui ont coûté des siècles d'observation, et qui sont encore vivantes, ont démontré la nécessité, et prescrit d'entendre séparément les experts comme les témoins, sans qu'ils aient la moindre communication entr'eux ; afin que, lorsqu'ils se contrarient sans le savoir, et qu'ils sont les contrôleurs les uns des autres, la justice connaisse les doutes sur la vérité, ou que lorsqu'ils sont uniformes, leur opinion soit une sorte de garantie de l'évidence. Mais il faut pour cela un temps que je n'ai pas eu jusqu'ici. Reprenons mon moyen contre les procès.

Il ne saurait y avoir que la plus aveugle prévention, ou quelque passion qui, après ce que j'ai expliqué, et les maux que j'ai démontrés, ne sentirait pas que

le moyen que je propose mérite au moins
d'être examiné ; et je dois répéter ici que
l'on peut si peu dire que ce soit un système, que je ne fais que proposer pour
toute l'administration de la justice, ce qui
se pratique avec le plus grand succès devant la cour suprême, qui, à tous égards,
doit être le premier et le plus grand mo-
dèle ; surtout pour le cas actuel, puisque
l'on n'entend jamais dire qu'il s'y commette
aucun de ces excès qui, de toutes parts,
avec ou sans raison, retentissent souvent,
dans tous les palais de justice et dans
toutes les sociétés de l'Empire, contre
les autres cours et les tribunaux. Quelle
reconnaissance éternelle ne devrait-on pas
au monarque qui ferait naître, dans tous
les temples de la justice, la même pureté
de procédure que celle qui existe dans la
cour de cassation ! Ces idées méritent quelque développement, qui sera d'autant plus
solide, que je l'appuierai de plusieurs opinions estimables.

Danger de l'abus des Formes.

M. Thouret, en présentant à l'assemblée constituante l'organisation des juges de paix, disait, et M. Henrion l'a répété, que « les formes obscurcissent tellement les » procès, que le juge le plus expérimenté » ne sait qui a tort ou raison ; » et c'est une vérité qui devrait bien encore seule exciter tous les efforts, pour mettre les justiciables à l'abri de la cupidité des hommes qui ne s'occupent que des formes.

Car s'il y a des formes absolument nécessaires pour la dispensation de la justice et qui en sont la base et le fondement, Jousse, en l'expliquant dans sa préface, de l'idée qu'il a donnée de la justice civile, ne manque pas d'observer que ceux qui sont chargés de remplir les formes, conduits souvent par un esprit d'intérêt, et dans la vue d'un gain sordide, et par la facilité qu'ils ont de le faire impunément, ne cessent de chercher les occasions de prolonger celles qui sont nécessaires, par des actes inutiles et d'une longueur superflue, surtout en divisant les demandes ou les exceptions, qu'ils pourraient former par un seul et même acte; ils occasionnent souvent, dit-il, toutes ces suites fâcheuses que *les lois les mieux établies ne peuvent faire cesser.* Il ne craint pas d'ajouter qu'il faut en attribuer principalement la cause *à la facilité de la plupart des juges qui tolèrent ces abus, à leur négligence à les réprimer;* et cette négligence a bien dû augmenter par une révolution qui a rapproché les distances, et qui a fait trouver souvent dans le juge le familier de l'officier ministériel.

Compétence des Juges de Paix mal fixée, s'ils n'étaient pas mieux choisis.

En créant l'institution des justices de paix, dont je dois continuer de parler, M. Thouret ajoutait que la compétence des juges de paix devait être bornée à des choses de convention très-simples et de la plus petite valeur , *à des choses de fait* , pour lesquelles le simple et droit bon sens suffit , en éloignant tout à fait le dédale de la chicane ; et alors *les juges de paix seraient,* disait M. Thouret, *des pères au milieu de leurs enfans,* qui ne penseraient qu'à faire cesser leurs sollicitudes.

M. Henrion examine pourquoi ces explications sur la compétence, et ces magnifiques promesses ne se sont pas réalisées; et en deux mots il démontre que ce n'est pas un problême difficile à résoudre.

Il a dit que , dès qu'on a étendu la compétence des juges de paix jusqu'à des questions de droit toujours sérieuses , il fallait les soumettre à des conditions d'éligibilité. Outre que nos lois qui concernent cette partie de notre justice, notamment sur la compétence , sont , dit-il , entièrement insuffisantes et obscures ; il attribue le défaut de succès *à cette étendue de la compétence, et à l'incapacité des juges.*

Ce n'est en effet qu'en bornant leur compétence aux choses les plus simples, et à peu près *à des choses de fait*, que les juges de paix auraient pu être pris indifféremment parmi les hommes qui ont un simple et droit bon sens. En Angleterre les juges de paix sont si bien bornés aux choses de fait, que lorsqu'il y a un point de droit à juger, ils le renvoient, ou prennent eux-mêmes la décision du juge, ce qui opère à peu près la distinction du droit et du fait pratiquée dans le jury.

M. Henrion détaille les nombreuses actions, la plupart infiniment difficiles, et évidemment au-dessus des connaissances des hommes, tels que sont nos juges de paix actuels, et surtout les actions possessoires qui leur appartiennent; et il prouve complètement leur insuffisance. Il a si bien raison, que des jurisconsultes, même profonds, ne décident pas toujours avec justesse ce qui touche le possessoire, ce qui le distingue du pétitoire. Ces mots seuls sont aussi inintelligibles que le grec pour

les neuf dixièmes de nos juges de paix,
qui ne sont presque tous que de vieux
praticiens, des villageois, des anciens notaires, des anciens huissiers, des maîtres
d'école, des peintres, etc. dont le cabinet
peut malheureusement être appelé une
boutique, ou une fabrique de paperasses,
où presque tout ne fait que s'épaissir,
s'embrouiller, sans compter la cupidité
des greffiers et des huissiers qui les entourent, quand ils ne sont pas cupides
eux-mêmes, et qu'ils n'abusent pas de la
faculté de prendre quelques légères épices
que la loi leur donne.

Comparaison des Juges de Paix avec le Juge-Auditeur qui existait à Paris.

Si l'on veut une preuve bien éloquente que
cet état des justices de paix gâte tout sans rien
finir, et décuple les contestations, il suffit
de lire un discours de M. Huguet, tribun,
prononcé le 14 frimaire an 9, qui rappelle ce juge-auditeur, établi par une loi

auprès du châtelet, où il était examiné et reçu, pourvu qu'il fût instruit, et qui exista jusqu'à la révolution. Cet auditeur à Paris jugeait à peu près toutes les petites causes attribuées aujourd'hui aux juges de paix, et même pouvait recevoir et instruire des inscriptions de faux incidentes à ces causes ; il remplissait sa tâche très-bien, en donnant seulement deux cent huit audiences par an, tandis que, compte fait, les juges de paix donnent à Paris trois mille quatre cent cinquante - six audiences, c'est-à-dire qu'ils emploient quinze fois plus de temps pour tout brouiller et encombrer les tribunaux, que n'en employait l'auditeur pour tout juger et tout finir, sans compter que le peuple perd un temps inappréciable, et augmente d'autant plus sa misère et ses souffrances.

Cela seul en dit assez pour désirer qu'on ne donne plus aux justices de paix que des hommes véritablement capables de juger, parce qu'on ne peut pas les réduire à de simples choses de fait, et qu'il faut. nécessairement leur laisser les attributions qu'elles ont.

Un seul Juge de Paix pour deux Cantons.

Mais avec la forme de procéder que j'ai indiquée, un seul juge de paix serait trop suffisant pour deux cantons. S'il y a quatre mille cantons, deux mille juges de paix suffiront pour l'Empire; leur justice, qui serait à coup sûr bonne et prompte, se trouverait assez rapprochée des justiciables. Ces juges de paix, qui auraient eux-mêmes autant d'instruction et de dignité que les juges de département, et seraient leurs pareils, pourraient faire pour les mineurs, les absens, les interdits et autres, dans les deux cantons, les petites procédures, les légalisations, et remplir toutes les formalités pour lesquelles les malheureux sont obligés d'aller courir à un chef-lieu de tribunal.

Les juges de paix, ainsi choisis pour

fondement de l'édifice judiciaire, les juges à placer entre les justices de paix et la cour de cassation, n'auraient pas besoin d'être bien nombreux.

Un seul Tribunal par Département.

Un seul tribunal dans chaque chef-lieu de département, composé de six juges, deux présidens, un procureur impérial et un substitut, serait partout très-suffisant, malgré la différence de la quantité de la population des départemens, parce qu'il suffirait que le nombre des juges de paix se trouvât proportionné à la population. A Paris, à cause de sa corruption, et pour le correctionnel et le criminel, plus abondans qu'ailleurs, on pourrait porter le nombre des juges à douze, et ce serait encore assez.

On pourrait aussi placer, près de chaque tribunal de département, quatre ou six auditeurs, pour pépinière, et pour aider, soit le tribunal, soit le juge de paix. Il ne faudrait en tout, dans les cent vingt départemens, que douze cents juges pour les tribunaux ou le ministère public.

Quinze Cours impériales de vingt Juges chacune.

Qu'il y eût ensuite seulement quinze cours impériales, avec un ressort chacune de huit départemens, placées dans les villes les plus centrales et les plus populeuses ; que chacune de ces cours eût vingt juges, dont trois présidens, un procureur et un avocat général, trois cents juges suffiraient alors pour toutes les cours impériales ; et à coup sûr, cela suffirait même à Paris, pour faire aisément tout le travail que les causes civiles et criminelles peuvent offrir ; parce que des juges instruits font plus en un jour, que d'autres dans un mois, surtout quand les officiers ministériels ne pourraient suivre d'autres procès que ceux qu'on ne pourrait pas éviter.

Tout cela ne demanderait, comme on

le voit, que trois mille cinq cents juges,
que l'on pourrait trouver doués de toute
la capacité nécessaire, même parmi des
hommes qui ont quelque fortune, et qui,
avec une indemnité raisonnable, pourraient vivre noblement.

Il n'y aurait des avoués que près les
tribunaux et les cours, et d'un nombre
égal au plus à celui des juges des tribunaux
et cours, qui ne serait que de quinze cents.
On tâcherait même d'en avoir moins si on
le pouvait, parce que, dans la composition
d'un remède, il faut mettre la moindre dose
possible de l'ingrédient qui peut être funeste. Il faudrait aussi combiner si l'on ne
pourrait pas s'en passer en entier, et cela
ne serait pas tout à fait difficile.

Compétence et Attributions.

Les attributions de chacun seraient bien
simples.

Les juges de paix connaîtraient en dernier ressort de toutes les causes dont la

valeur serait fixée par elle-même, ou par le demandeur, jusqu'à 100 fr. de principal; et de toutes les autres matières, ils en connaîtraient en première instance; ils ne prononceraient jamais qu'après avoir essayé par tous les moyens de concilier les parties.

Quand la demande n'excéderait pas 2,000 f. de principal, l'appel serait porté à la cour de département. De cette manière toutes les discussions au-dessous de cette somme trouveraient toute justice dans leur département.

Tout ce qui en excéderait 2,000 f. serait porté par appel à la cour impériale.

Voilà, j'ose le dire, une répartition bien simple des trois mille cinq cents juges, pour remplir les justices de paix, les tribunaux de département, et les cours impériales.

Voyons maintenant si l'on ne pourrait pas faire faire par ces justices de paix, tribunaux et cours, avec la plus grande simplicité, les procédures tant criminelles que civiles, et en obtenir les meilleurs résultats.

Simplicité de la Procédure au criminel et au correctionnel.

Parlons d'abord du grand, et du petit criminel, ou correctionnel.

Le correctionnel ne serait pas grand'-chose, quand on aurait laissé au juge de paix à prononcer en dernier ressort sur toutes les rixes, les contraventions et les délits, dont la peine n'excéderait pas 10 f. d'amende et trois jours de prison ; le juge de paix aussi prononcerait en premier res-sort sur tous les autres délits, avec appel au tribunal de département, si les peines n'excédaient pas un mois de prison, ou 2,000 fr. d'amende, ou de condamnation pécuniaire ; l'appel serait porté à la cour impériale, si les condamnations excédaient.

Et qu'on ne dise pas que nous voulons confier trop à un seul homme. Quand il est instruit, expérimenté, il fait mieux seul qu'avec quelques apprentis, qui souvent le forcent à faire mal. L'on a vu des lieutenans généraux dont les ressorts avaient trente lieues de diamètre, ils jugeaient seuls beaucoup mieux que lorsqu'ils ont eu à leur côté de jeunes opinans.

N'avons-nous pas un homme qui juge seul les plus grands intérêts du monde ? Il est vrai qu'il n'y en a pas de pareil.

Qu'il y ait si l'on veut un commissaire de police dans chaque justice de paix, pour recevoir les plaintes concurremment avec le juge de paix ; qu'aussitôt que le juge de paix pourra être saisi, il instruise lui-même ; que dans les procédures importantes, quand il faut aller sur les lieux, s'il ne le peut pas, un juge-auditeur vienne l'aider.

Que dans le cas de flagrant délit, le maire ou l'adjoint local puissent rédiger procès-verbal, et recueillir les preuves pour y avoir tel égard que de raison, jusqu'à ce que le juge, ou le commissaire de police, ou l'auditeur, soient avertis. Si l'inculpé est présent, aussitôt qu'il y a des preuves recueillies hors sa présence , qu'elles lui soient communiquées sur-le-champ; qu'il soit aussitôt confronté sur les contradictions; que lors même que le juge trouve qu'il n'y a pas lieu à inculpation, il envoie toutes les pièces au greffe du département, pour être examinées par le procureur impérial; et s'il trouve qu'il y a lieu à prévention, qu'il y envoie le prévenu, avec les pièces.

Que l'instruction soit continuée, si elle n'est pas complète, par un juge délégué par le président; que le tribunal prononce s'il y a lieu à rédiger un acte d'accusation; que le débat soit fait publiquement devant la cour de département, avec les jurés si le jury existe, ou sans jurés s'il n'existe plus.

Que tout crime soit au plutôt jugé en dernier ressort par le tribunal de département, quand il sera, par sa nature ou par la qualité des accusés, tels que les repris de justice, les vagabonds et autres, de ceux qu'on appelait autrefois cas pré-vôtaux, ou présidiaux, et qu'on appelle aujourd'hui cas spéciaux; que le pourvoi en cassation puisse toujours avoir lieu.

Avantage pour celui qui sera accusé pour la première fois.

Mais lorsqu'il s'agira d'un sujet de l'Empire domicilié, qui jusque-là avait été irréprochable, pour témoigner à son malheur le regret de le voir accusé d'un crime, et pour montrer les égards que mérite celui qui est poursuivi criminelle-ment pour la première fois, pour donner encore une preuve éclatante du respect dû à la liberté et à l'humanité, qu'on lui conserve le droit de révision, ou d'appel de suite, s'il le demande, à la cour im-périale, qui, sur un rapport et l'examen de toutes les pièces, délibérera, dans une de ses chambres, si quelque doute sur les faits constatés par les informations et le procès-verbal des débats, autorise à faire recommencer les débats devant un autre tribunal de son ressort, ou si le jugement doit être exécuté.

Cette révision est très-propre à tranquilliser les hommes honnêtes, qui sauront qu'au moins, s'ils ont le malheur de devenir accusés, il ne sera exécuté de jugement contre eux qu'avec l'assentiment, sur leur culpabilité, des premiers magistrats de la cour impériale de leur ressort; les juges de département seront à leur tour à l'abri des reproches bien douloureux, lorsqu'ils ont prononcé selon leur conscience, d'avoir ordonné seuls la destruction physique ou morale de leur semblable, qui avait été jusque-là irréprochable.

Cette faculté de révision existerait sans préjudice toujours de se pourvoir en cassation, pour la violation des formes ou de la loi pénale.

Moyen pour éviter le scandale des Partages.

Il conviendrait aussi, selon une autre règle de l'exacte justice que l'on aurait dû admettre partout depuis long-temps, que toujours le tribunal de département et la cour impériale jugeassent au nombre de six juges, tant au civil qu'au criminel, parce qu'après le nombre de trois, celui de six est de tous les nombres le plus considérable qui porte avec lui à la fois la majorité et les deux tiers.

Mais qu'il ne puisse pas plus y avoir de partage au civil qu'au criminel.

Qu'y a-t-il de plus scandaleux au civil, qu'un partage, quand vous voyez appeler, pour le vider, un juge qui quelquefois, dans une heure, prononcera sur des difficultés étudiées plusieurs jours par les autres, et qui donne son avis, plutôt en considérant quelle est l'opinion de ses amis dans le tribunal, qu'en examinant la cause; et alors ce juge seul donne quelquefois à tort et à travers des biens immenses à qui il lui plaît.

Si, au criminel, le partage cesse lorsqu'il y a égalité de suffrages, en faisant passer le jugement à la voix la plus douce, *in mitiorem*, qu'il cesse aussi au civil en faveur de l'opinion qui est conforme, ou la moins différente de celle du premier juge qui aura prononcé seul; ou, s'il y a question pour connaître celle des opinions qui se rapproche le plus de celle du premier juge, qu'on lui renvoie l'une et l'autre, pour choisir et faire exécuter celle qu'il préférera.

Le premier juge, dans notre cas, méritera d'être compté aussi bien que les autres, parce que les conditions d'éligibilité de tous les juges devront être les mêmes.

Le scandale des partages a été aperçu

dans les temps les plus reculés; et quand on s'en est profondément occupé, l'on a toujours cherché à faire en sorte que le jugement se trouvât fait aussitôt que les juges avaient délibéré, sans aller honteusement proclamer des diversités d'opinions.

Montesquieu rapporte, dans son *Esprit des Lois*, liv. 28, chap. 27, que, chez les peuples anciens, quand il y avait partagé, on prononçait, en cas de crime, pour l'accusé; en cas de dettes, pour le débiteur; en cas d'héritages, pour le défendeur : ce qui réalisait la maxime : *Qui tenet teneat, possessio valet.*

Il est encore plus équitable que, lorsque sept juges ont connu d'une contestation, et que trois des six juges qui opinent les derniers, sont d'un avis conforme à celui qui déjà a jugé seul, l'avis du premier compte et fasse jugement. Tous ceux qui savent que la justice doit se faire avec la balance, diront que chacun doit finalement trouver, sur le côté qui lui est favorable, toutes les opinions qui ont été pour lui ; c'est alors que la justice est égale et exacte.

Nécessité et moyen de s'assurer de la capacité des Juges.

C'est ici surtout, et en venant de parler des partages, qu'il convient de faire remarquer combien il est nécessaire de s'assurer, autant qu'il est possible, de la capacité des juges. Si la faible humanité ne peut pas poser les voix, si elle est obligée de les compter et de dire, *non ponderantur, sed numerantur*, qu'elle prenne au moins tous les moyens qui peuvent donner des juges, sinon d'un mérite égal, au moins d'un mérite suffisant.

Dans la profession de juge, encore plus que dans toute autre, il importe à l'état que tous ceux qui l'exercent aient les connaissances qu'elle exige.

Un malheureux artiste qui ne sait pas son métier, s'il se présente dans un atelier, est bientôt expulsé et renvoyé à faire son apprentissage.

Il ne faut pas qu'on puisse dire que, lorsqu'un juge entre dans un tribunal, il est indifférent qu'il sache sa profession, ou qu'il ne la sache pas, sous prétexte qu'il s'y trouve toujours un ou deux juges assez habiles pour diriger tout le travail ; l'on doit être, au contraire, bien pénétré qu'il n'y a pas de situation où l'homme doive plus payer de sa personne et de sa tête, que dans une réunion de juges où chacun est comptable de son opinion, qui seule peut quelquefois détruire les plus grandes fortunes et des milliers d'hommes, et tirer même aux plus grandes conséquences pour la sûreté de l'état.

Il faut donc répéter, et on ne saurait assez le faire, qu'il y a nécessité bien impérieuse de s'assurer de la capacité des juges.

C'est une précaution bien insuffisante que celle des écoles de droit, surtout à Paris, toujours à cause des abus qu'on se permet plus audacieusement dans cette cité que partout ailleurs.

Autrefois, dans les bonnes universités, l'on était obligé d'écrire, demi-heure par jour au moins, et souvent deux fois le même jour, sous la dictée du professeur, et de tenir ses cahiers en état, à tel point qu'à la fin de l'année, et lors des actes, il fallait les présenter pour être vérifiés; et ils étaient pointés, c'est-à-dire percés en plusieurs endroits, afin d'empêcher qu'ils ne pussent pas servir à d'autres. Cette écriture suivie et correcte, que chacun était tenu de faire sous la dictée, forçait à s'occuper de la matière, malgré son aridité, et à mettre quelque chose dans la tête; car, en écrivant, on est forcé d'entendre, et à peu près de comprendre ce que l'on écrit. Quand ensuite l'on fait une explication, surtout si ce n'est pas dans une langue habituelle, si c'est en latin, un seul mot échappé fait perdre le fil; mais quand vous avez écrit, vous pouvez de suite le trouver dans votre mémoire.

A Paris il en est autrement. Il y a des professeurs qui ne dictent pas ; ils ont trouvé plus commode et plus utile de faire imprimer des ouvrages, et de les faire acheter par les écoliers, pour leur tenir lieu de cahiers ; et la classe se réduit à une explication qui ne pourrait être entendue et profitable qu'avec une grande attention de quelques écoliers, et qu'autant qu'elle serait faite par un organe suffisant : autrement, deux ou trois élèves, placés sous la chaire, peuvent seuls l'entendre.

C'est dommage que, parmi tant de jeunes avocats qui se destinent à la science du droit, il n'y en ait pas de ceux qui montrent une bonne conception et la facilité de la parole, avec des voix de Stentor, qui s'adonnent à l'enseignement, et surtout que la chaire de législation criminelle ne soit pas cultivée, quand elle serait si essentielle.

C'est là où ils trouveraient bientôt des indemnités raisonnables, et surtout le chemin de la gloire.

Quoi qu'il en soit, ce ne sont pas les études et les degrés que prennent à l'université ceux qui se destinent à la magistrature, qui peuvent être les garans de leur capacité, s'ils n'ont pas étudié d'ailleurs.

C'est à d'autres signes qu'il faut trouver s'ils sont capables. Dans l'ancien régime, et surtout depuis que Louis XII, dans ses ordonnances, avait exigé d'autres preuves de capacité que le parchemin des écoles, on faisait faire, dans la plupart des parlemens, ce qu'on appelait *un mois d'enquête*, et qui entraînait un examen qui quelquefois rejetait le candidat, quoiqu'il se fût présenté avec la confiance qu'il était assez instruit, parce qu'il avait été déjà reçu licencié.

Qu'on ne reçoive donc aucun juge, qu'il n'ait préalablement, et sans communication avec personne, fait des mémoires, des consultations, des projets de jugemens dans des procès qu'on lui remettra; que trois examinateurs prononcent s'il est, ou s'il n'est pas en état d'être jugé, et de faire dans sa tête une opinion et de la rédiger; car c'est plus au juge qu'à tout autre que sont nécessaires les quatre opérations de l'esprit, *concevoir, raisonner, juger* et *ordonner*. Il n'y a que le petit nombre d'hommes qui les réunissent, qui puissent faire un jugement et le bien écrire avec ordre, précision et clarté.

Comment se ferait partout l'exécution de la forme de procéder, maintenant bornée à la Cour de cassation.

Le nombre de juges et leur choix, l'ordre des tribunaux, la procédure criminelle ainsi fixés, je n'ai plus qu'à donner une explication succincte de la manière avec laquelle l'on exécuterait partout la procédure si naturelle et si sage de la cour de cassation, qui préviendrait tous les maux dont j'ai prouvé l'existence, et beaucoup, d'autres que , pour abréger., je n'ai pas détaillés ; en voici la plus courte analyse.

Personne ne peut vous faire un procès à la cour de cassation, sans avoir obtenu la permission de vous assigner.

Qu'on exige qu'il en soit de même pour tous les procès à l'instant où ils doivent naître, l'on anéantira, par cela seul, les neuf dixièmes des procès dans tout l'empire.

Il n'y aurait qu'un mot à faire dire par la loi, qui serait que la procédure de la cour de cassation est commune à tous les tribunaux et cours, au moins en ce point principal, qu'il ne serait permis à qui que ce soit de commencer un procès, comme on ne peut assigner en cassation, sans en avoir obtenu la permission.

Alors, je le répète, plus de procès évidemment mal fondés, plus de procès d'humeur, plus de procès uniquement créés pour le profit des officiers ministériels :

toutes les passions qui font des procès, seraient enchaînées.

Quel soulagement pour le peuple ! comment cette idée n'a-t-elle pas été conçue et adoptée jusqu'ici, et quel est l'ennemi du genre humain, qui oserait dire un mot pour empêcher aujourd'hui de l'adopter, et de faire ce grand pas vers les mœurs et la tranquillité ?

Les hommes d'affaires un peu expérimentés sentent et développent déjà dans leur esprit les avantages de ce plan ; et ce que je vais dire coulera pour eux comme d'une source.

D'abord, celui qui va par emportement, par humeur contre quelqu'un, faire commencer sur l'instant un procès, se verrait obligé de le réfléchir, pour aller d'avance le soumettre au juge, et l'avoué seul, ou l'huissier, ne pourraient plus, en ne s'occupant que de leur intérêt, commencer aussitôt un procès, avant l'examen et l'ordre du juge.

A son tour, celui qui serait assigné serait plus circonspect avant de se défendre et de plaider, à moins qu'il n'eût des exceptions solides, parce qu'il verrait que le juge déjà a trouvé la demande contre lui proposable. Tout alors semblerait concourir pour ne voir exister que des discussions sérieuses et inévitables.

Si le juge trouve la demande mal fondée, sur l'exposé même du demandeur, il est bien inutile alors qu'il soit permis d'assigner ni de citer en conciliation, lorsque ce préalable est nécessaire.

Si le demandeur se contente de l'opinion verbale du juge, il se retire, et tout est fini. S'il ne s'en contente pas, le juge se borne à lui donner un certificat portant qu'il a cru ne pas devoir permettre d'assigner ; tout est encore fini, si l'objet n'excède pas sa compétence. S'il l'excède, le demandeur pourra aller au juge d'appel demander la permission d'assigner, pour voir annuller le certificat du juge, et ac-

corder sa demande, pourvu qu'il soit por-
teur d'une consultation d'un jurisconsulte
du tableau, qui dira en conscience que,
malgré la décision du juge de paix, le demandeur est fondé ; et le tribunal d'appel
n'accordera la permission qu'autant qu'il
croira aussi que la demande paraît être
fondée ; car s'il ne le croyait pas, pourquoi
assigner ?

Si le juge de paix, ou le juge d'appel,
permettent d'assigner, qu'ils soient obligés
de fixer dans la permission, en deux mots,
la question de fait et celle de droit, afin
que l'on sache continuellement et nette-
ment ce qui est en question, et qu'on ne
soit plus affligé, comme on l'est la plupart
du temps, en voyant que l'on juge les
procès sans les entendre, et sans que la
question soit fixée, ce qui arrive surtout
pour les trois quarts des procès de Paris.

C'est le malentendu qui fait seul le mal
dans les procès, quand la passion ne s'en
mêle pas.

Et ce malentendu vient surtout de ce que la législation jusqu'ici a laissé à celui qui veut plaider la faculté d'aller directement chez l'huissier, ou chez l'avoué, qui, par ignorance, ou par intérêt, commencent tout, barbouillent tout, et ne songent, en remplissant les formalités, qu'à alonger les écritures, selon qu'ils veulent augmenter les frais. Voilà aussi ce qui faisait dire à M. Thouret que « les formes obscurcissent » tellement les procès, que le juge le plus » expérimenté ne sait pas qui a tort ou » raison. »

C'est en laissant cette liberté d'aller directement chez l'huissier, ou l'avoué, pour commencer de suite un procès, que la loi, sans y penser, autorise à fabriquer une quantité de paperasse qui, sans autre utilité que d'engraisser ceux qui la fabriquent, et de procurer au fisc quelques perceptions qui ne couvrent pas ses dépenses, produit et entretient sur le peuple entier un chancre affreux qui, en ruinant sa fortune, prend son temps, l'accable de soucis, et lui ôte toute tranquillité. La législation n'a pourtant jamais entendu sacrifier le peuple à l'intérêt de quelques particuliers.

Quand le juge aura cru devoir permettre d'assigner, et que l'assignation sera donnée, si c'est devant le juge de paix, et que les parties comparaissent, elles lui remettront sur l'instant à lui-même toutes les pièces. Il les examinera, fera ses efforts pour concilier; à défaut, il écrira sur un registre sa décision succincte, dont il fera donner copie par son greffier, en forme de simple certificat, à celle des parties qui le voudra, et qui pourra, ou en faire faire l'exécution, ou l'attaquer, pourvu qu'il attache à son appel une consultation d'un avocat du tableau.

Dans le cas où la décision serait exécutée, l'exécution se fera d'autorité du tribunal supérieur, et comme la décision ayant alors acquis la force de la chose souverainement jugée.

Si l'assigné ne comparaît pas, le juge de paix donne défaut, et accorde ou refuse la demande ; et il n'y aurait plus, dans ce cas, que la voie de l'appel pour celui qui se plaindrait du jugement, et qui devrait aussi se munir d'une consultation portant qu'il est fondé.

Si c'est le tribunal, ou la cour d'appel, qui a permis d'assigner, l'on remettra, comme on le fait a a cour de cassation, les pièces au greffe ; le défendeur y remettra les siennes, et la défense qu'il aura signifiée. Chacun attachera à son dossier la note des frais ; et puis, à l'audience, d'après l'état des causes fait au greffe à mesure du dépôt, le greffier fera l'appel de chaque cause à son tour. Un juge fera un rapport sur les faits, et rappellera la question. La partie, l'avoué ou l'avocat, ne pourront rien dire, ni sur le fait, ni sur la position de la question, à moins qu'il n'y ait à relever une erreur prouvée par les actes.

Ils se borneront à des observations de droit très-courtes sur le point controversé.

Alors il arrivera ce qu'on voyait presque toujours autrefois, que le juge prononcera subitement le jugement avec ses motifs, parce que tous les juges seront assez instruits. On ne verra plus renvoyer la prononciation à trois mois, prendre les pièces, les porter chez le greffier, ou chez quelqu'autre rédacteur, qui, étant connu pour avoir la confiance du juge, a vendu quelquefois d'avance le jugement qu'il rédigera.

L'expédition du jugement se bornera à la demande et à la question, fixée ordinairement par le juge ; à l'objection faite en réponse, s'il y en a ; au dispositif et à la taxe des dépens, sans qu'ils puissent jamais être taxés ailleurs que dans le jugement ; et l'on y taxerait, tant ceux de celui qui perdrait son procès, que de celui qui le gagnerait.

Il ne serait plus question, ni d'écritures qui ruinent, ni de poursuites, ni de plaidoiries d'avocat prolongées pendant dix, vingt audiences, qui, par les remises, traînent plusieurs mois; ni de frais exorbitans, ni de manœuvres pour en grossir et faire réussir la taxe. L'on n'en entendrait pas plus parler dans les tribunaux et cours, qu'on n'en parle à la cour de cassation.

D'ailleurs, il n'y aurait qu'un nombre d'avoués semblable au plus à celui des juges; et tous pourraient vivre d'un travail légitime, quoique le tarif dût être réduit à trois ou quatre articles généraux, qui diraient combien l'on passerait à l'huissier pour porter l'exploit à partie ou à avoué, combien à l'avoué pour la rédaction ou pour chaque vacation. Le reste du tarif n'aurait pas besoin de dix articles; les avoués ne pourraient jamais avoir querelle que pour les frais des procès non jugés : ces querelles iraient *rectà* devant le procureur impérial, sans que, dans aucun cas, les avoués pussent jamais former corps ni se réunir, pas plus que les huissiers.

Les avocats seraient inscrits sur un tableau, dans chaque tribunal ou dans chaque cour, sans pouvoir non plus faire corps ni se réunir. Ils auraient seuls le droit de faire les observations à l'audience ; et les consultations sans lesquelles on ne pourrait pas appeler ; et s'ils en donnaient trop légèrement, ils pourraient être réprimés et interdits.

Tous les jugemens, à l'exception de ceux des juges de paix, quand ils n'auraient pas excédé leurs pouvoirs, seraient susceptibles de cassation pour contravention formelle à quelque loi.

Il y aurait un moyen de faire taire les ennemis de la cour de cassation, qui lui reprochent de ne pas toujours se borner à examiner si la loi a été violée, et de s'occuper des faits, quand elle voit des injustices violentes.

Moyen de réparer les erreurs de fait.

Ce serait, sans ressusciter les proposi-tions d'erreur de fait qui avaient lieu en-core dans le seizième siècle, de donner le droit à cette cour, lorsqu'elle serait con-vaincue qu'un fait décisif existe, et qu'il a été nié, ou qu'un fait a été supposé quand il n'existe pas, de le constater se-crètement par procès-verbal, qui serait adressé à Sa Majesté : alors, en vertu du plus beau fleuron de la couronne, qui est de pouvoir assurer toujours le triomphe de la vérité, Sa Majesté pourrait, par sa suprême puissance, juger elle-même de son pur mouvement, pour faire retomber l'iniquité sur le juge prévaricateur, ou sur l'avoué, ou sur tout autre qui aurait assis, ou fait asseoir la justice sur le mensonge. Rien ne serait plus propre que ce moyen, pour terrifier ceux qui ne craignent pas de dénaturer les faits, surtout pour échapper à la cour de cassation (1). Voilà à quoi se réduirait mon moyen : c'est, en un mot, de faire adopter partout la procédure de la cour de cassation ; alors les neuf dixièmes des procès, tous ceux qui ne sont faits que

---

(1) Dans le moment même, il y a sous les yeux de la cour de cassation l'expédition d'un arrêt d'une cour d'appel, du 2 août 1810 ; dans les motifs duquel l'on avait eu la témérité et l'absurdité de supposer, et d'ajouter, car cela n'avait pas été dit en prononçant l'arrêt, que celui qui demandait la nullité d'un testament mystique, *avait avoué, en plaidant, qu'il reconnaissait l'identité et la validité du testament.* Ce n'a été qu'après des actes, et dix-neuf jours de lutte, que l'on a pu avoir l'expédition de l'arrêt, et après avoir menacé d'une inscription de faux le juge qui avait présidé, et qui, étant effrayé et entendant les murmures du barreau et du public, fit rayer cet arrêt supposé ; mais les mots rayés s'aperçoivent encore sur l'expédition, et cette manœuvre n'avait eu lieu évidemment que pour soustraire l'arrêt à l'examen de la cour de cassation.

par humeur, par cupidité, où le nom des juges se trouve, sans qu'ils aient eu d'autre peine que de perdre le temps à aller au palais, et à se faire inscrire, se trouveront anéantis d'avance. Il ne restera plus à peu près que le dixième qui mérite un travail sérieux. Du même coup, les trois quarts des juges et des suppôts deviennent inutiles, et l'on peut ne choisir que des juges capables. Un juge de paix pour deux cantons, un tribunal par département, et 15 cours impériales; 3,500 juges pour le tout, 1,500 avoués au plus : rien ne paraît plus simple; j'espère que tous ceux qui ont véritablement quelque expérience, seront avec empressement de mon avis.

Il n'y a pas d'homme ordinaire qui ne connût alors tous les ressorts de la justice, avec la plus grande facilité.

C'est ainsi, je dois encore le répéter, pour tenir ma promesse, que l'on détruirait jusqu'au germe des neuf dixièmes des procès, et que l'on rendrait le mal du dixième restant presqu'insensible, par la douceur et la simplicité de formes qui seraient suivies, et par le petit nombre et la capacité de ceux qui s'occuperaient de l'administration de la justice.

La faiblesse humaine ne peut pas toujours bien apercevoir le sentier sonvent étroit entre le juste et l'injuste : elle est forcée de se le faire indiquer par des hommes qui en ont fait une étude particulière et profonde.

Il serait bien impossible alors que la magistrature n'obtînt pas toute la considération dont elle a besoin.

Espoir que les Procès cesseraient d'être une branche d'industrie.

Ce n'est même qu'à cause de l'habitude des Français d'avoir toujours eu un grand nombre de juges, qu'il leur en serait donné encore un nombre si grand ; car nos voisins n'en sont pas si prodigues. L'Angleterre, pour la cour du banc du roi, celle des communs plaids, et celle de l'échiquier, n'a en tout que neuf juges, avec le chancelier de l'échiquier; ils suffisent aisément pour juger tout dans le royaume, parce qu'on n'y connaît que des procès sérieux et inévitables. Il n'y a guère plus d'avocats qu'on appelle *sergens ez lois*, ni de procureurs qu'on appelle *attornes*, qu'il n'y a de juges. L'esprit national est beaucoup plus dirigé vers le commerce, la marine et la défense de la patrie, que vers une profession qui s'occupe des procès, et qui est avilie, dès qu'elle fait des combinaisons pour s'enrichir.

Il faut espérer aussi que, lorsque, dans l'empire français, on sera parvenu à sentir combien il est salutaire que les procès ne soient pas, comme ils sont dans le moment, un genre d'industrie, nous n'aurons que les juges et les gens de loi indispensables, et les procès inévitables; et alors nous ne

paierons plus les écritures selon leur étendue, mais selon leur concision.

Nous obtiendrons ces avantages sous
peu de temps, avec le soin, la force et le
génie incomparable qui dirige aujourd'hui
nos destinées.

Ressource pour les Hommes du Palais, qui s'y trouveraient inutiles.

Mais que deviendront, dira-t-on, tous
ces officiers inutiles, si un plan si simple
est adopté?

Je ne répondrai pas qu'ils deviendront
ce qu'ils pourront, quoique la science du
mal qu'ils font méritât cette réponse : je
dirai que, s'ils ont quelque capacité dans la
législation, ou quelque moyen d'en acqué-
rir, ils pourront se répandre dans les
campagnes, où il n'y a que de mauvais
huissiers; ils se feront inscrire sur le tableau des avocats d'un tribunal ou d'une
cour; ils se livreront à faire des mémoires,

des consultations, pour les procès inévitables, et pour contribuer à préparer les décisions des juges. Ils seront d'autant plus nécessaires, que la plupart du temps les consultations seront indispensables pour être admis à plaider ; ils pourront en même temps s'occuper d'agriculture ; et tout cela tournera alors au profit de le science, des mœurs, de la justice, de la religion et de l'accroissement de la population.

On ne verra plus tant de ces figures pâles, jaunâtres, de ces corps diaphanes, étiques, qui, après avoir couru et respiré la nuit l'air méphitique de la ville et des théâtres, ne présentent le matin, à l'audience, que des têtes vides et licencieuses, qui remplacent par des mots sans substacnes et des injures, ce qui ne se trouve pas dans leur cerveau, parce qu'ils n'ont rien étudié. On n'entendra plus, comme cela arrive souvent, des diatribes scandaleuses, désolantes, et surtout, comme on le vit il y a trois ou quatre ans, car il faut que je le dise pour peindre les maux excessifs des procès, et je le puis, parce que cela est notoire ; on ne verra plus le même défenseur, par son audace incorrigible, la même année, chose inouie, causer le désespoir et le suicide de deux hommes estimables qui avaient le malheur d'avoir des procès, sans que cette langue venimeuse ait été interdite.

Ceux d'entr'eux qui se répandront dans les campagnes, y deviendront forts, rubiconds et savans, et donneront des décisions qui feront tomber lourdement la balance du côté de la justice. Ils deviendront des patriarches parmi les campagnards, qui seront toujours la partie la plus saine de la population, aussitôt que les bons exemples achèveront d'effacer chez eux les écarts de la révolution.

Danger des Corporations.

Je n'ai plus qu'un mot à dire sur le danger des corporations.

Je ne recueillerai pas ici les preuves de tout le mal qu'ont fait au peuple, les angoisses qu'ont données aux souverains les corporations ; je ne *dois* pas non plus trop dire combien était prophète Louis XII, lorsqu'il craignait pour lui et ses successeurs, et pour le trône, les corporations, surtout du palais.

Que n'avons nous pas vu de nos jours, lorsqu'on a eu la faiblesse de les laisser s'assembler et se réunir !

Ce ne sont pas précisément les corporations d'arts et métiers qui sont le plus à craindre ; ce sont celles auxquelles tout le monde est forcé journellement de recourir pour ses plus chers intérêts, et qui, entre tous leurs membres, ont toute la confiance du peuple, toutes les confidences, et qui peuvent, dans un seul instant, en abuser, comme du plus fort levier, pour tout renverser ; alors il n'y a ni vérité, ni justice, ni aucune force morale ni physique, qui puisse résister, comme les digues les plus fortes ne sauraient résister à toutes les eaux, si elles étaient réunies.

Quels sont les mobiles qui peuvent porter les corporations à des excès? Ils sont sans nombre; mais surtout elles sont en fureur lorsqu'on les observe, qu'on les contrarie, lorsqu'on veut les empêcher de faire plier les lois à leurs intérêts.

Du matin au soir, et éternellement, les membres des corporations s'étudient à franchir les bornes qui arrêtent leur cupidité, qui leur imposent un travail de précaution contre la fraude; ils liment la loi tant qu'ils peuvent, pour diminuer l'obstacle qu'elle leur présente.

Ce sont surtout leurs chefs, leurs syndics, leurs chambres, qui, tandis qu'ils sont uniquement établis pour la discipline entre les membres, ne s'occupent au contraire que de l'intérêt de leurs corps; qu'à trouver des détours, et favoriser tout ce qui peut augmenter leurs profits, au préjudice de la loi; et si la maladresse, l'excès d'avidité de quelque membre le compromet, vous voyez le corps entier aussitôt s'insurger, faire toutes les combinaisons, employer toute espèce de moyens pour cabaler, capter, séduire, menacer, et pour appeler même à son secours une prétendue opinion publique, que les membres forment par eux-mêmes et par leurs cliens qui leur sont forcément dévoués : l'on a vu aussi ces corps se réunir pour s'entr'aider. Plus ils ont à craindre, plus leur témérité augmente et donne à craindre aux autres, et de manière ou d'autre, ils obtiennent, à peu près toujours ce qu'ils veulent, au moins en grande partie ; lorsqu'ils auraient dû mille fois tout perdre.

Ce qui est plus déplorable, c'est que souvent les hommes qui sont préposés par le gouvernement , pour éviter ces excès, s'y prêtent, aident les factieux, et emploient l'autorité qui leur est confiée pour les combattre, à molester, à nuire aux hommes qui restent fidèles à la loi et au monarque.

C'était aussi ce qui obligeait autrefois le gouvernement de s'assurer que, dans les corporations indispensables, comme celles des juges qui ne peuvent remplir leurs fonctions qu'autant qu'elles sont assemblées , il y eût quelques sujets fidèles qui veillaient toujours à la sûreté du trône, sans craindre les factieux qui les appelaient traîtres, parce que, dans un état où le souverain a le fardeau si pénible d'entretenir la tranquillité entre les sujets, il ne peut pas exister sans crime des délibérations mystérieuses qui s'occupent d'objets que le prince ne connaîtrait pas , et étrangers à ceux pour lesquels il leur a donné lui-même l'existence.

Ce sont, comme l'observent tous les écrivains, les discussions et l'existence de deux partis dans la chambre des pairs, et dans celle des communes, qui sont pour la constitution anglaise et pour le

roi le préservatif des discordes éclatantes
de corps à corps , telles que celles qui,
après avoir occasionné à Rome les guerres
civiles , les proscriptions , entraînèrent la
ruine de la république ; comme l'on peut
dire qu'elles avaient entraîné la ruine de
la monarchie française , lorsqu'elle n'eut
plus dans chaque corps des partisans pour
la défendre , et que les corps réunis osè-
rent heurter le gouvernement et le monarque.

Aujourd'hui l'on dira bien qu'il n'est
pas à craindre que les corporations s'occupent des affaires de l'état. Mais ce n'est
là qu'un mot : la loi et l'état ne font qu'un,
la solidité de l'état est dans la loi ; et si les
corporations qui doivent l'exécuter, si celles
surtout , qui, pour la faire exécuter, en
se réunissant journellement pour leur travail , prennent des moyens pour ne faire
que ce qui leur plaît, pour empêcher même
que le gouvernement ait parmi elles personne qui les force à l'observation stricte

de la loi, et qui ne leur soit dévoué, c'est alors que tout est perdu, et qu'il n'y a ni certitude de justice, ni loi positive, ni solidité pour le trône lui-même.

Je sais qu'on pourra dire encore que, sous des règnes forts, comme celui où nous avons le bonheur de vivre, la puissance que je combats ne donne aucun souci au trône. Mais tous les règnes ne se ressemblent pas; et lors même qu'ils sont imperturbables, elle dévore les justiciables, et le juge courageux qui ose la démasquer, est dévoré lui-même, comme je l'ai prouvé, et peut être achevé, avant d'être entendu.

C'est surtout à l'issue d'une épouvantable révolution, qu'il est nécessaire de rétablir les distances qu'elle rapprocha si cruellement, et d'éviter tout ce qui peut de nouveau les rapprocher; et rien ne pourrait les rapprocher si vite que les réunions, si elles étaient permises. Il faut donc se mettre en garde contre les corporations, et il est tout à fait important d'en arrêter la puissance.

Les corporations dans un état sont des procès éternels contre la loi et le prince, elles sont un volcan perpétuel contre la tranquillité publique. Un seul ne délibérera pas contre le monarque, ni contre la loi, plusieurs osent tout. De-là vient aussi, et c'est là que s'applique la maxime la plus utile au prince : *Si vis regnare, divide* (1).

______

(1) Si l'on veut trouver dans l'histoire une idée exacte du danger des corporations, quand elles se réunissent et contrarient le trône, notamment celles de l'église et celles de la justice, qu'on lise seulement cinquante pages dans Anquetil, 13e vol., pag. 69 jusqu'à 120, qui présentent tout ce qui arriva depuis 1730, que l'on voulait mettre au nombre des saints Grégoire VII, ce pape qui s'était proclamé supérieur à tous les rois, et distributeur des couronnes, jusqu'en 1757, époque de l'attentat de Damiens.

L'on verra les rebellions qui obligèrent à sévir,

CONCLUSION.

Il faut saisir, dans les institutions d'un état, tout ce qui peut dispenser des corporations ; s'il en est qui doivent nécessairement exister, ne les établir nombreuses que le moins possible ; les rendre presqu'imperceptibles, entièrement impuissantes, les paralyser de manière

à éloigner le parlement ; la fermentation que les avocats renforcèrent en prenant le nom d'*ordre ;* comment, selon l'historien, cette fermentation se répandit, *par les suppôts du palais, dans toutes les classes du peuple,* qu'ils maîtrisent, comme je l'ai dit en commençant cet écrit, et qu'ils peuvent par conséquent ameuter quand ils veulent ;

Comment ces troubles donnèrent lieu à créer une chambre royale pour rendre la justice, et comment, en refusant de servir devant cette chambre, la puissance insurmontable des suppôts du palais paralysa le trône, et aida et fit le succès de la rebellion ;

Comment enfin la bonté du roi, à cause de la naissance du duc de Berri, devenu dauphin et roi, qu'elles se bornent uniquement à l'objet de leur réunion ; les faire surveiller par des sujets fidèles, et les soumettre à la peine capitale, lorsqu'elles se permettent le moindre excès de pouvoir, et surtout lorsqu'elles font, ou quelqu'un de leurs membres, des actes d'après lesquels elles paraissent se croire nécessaires ; parce que, dans un état, personne n'est nécessaire

---

donna, le 2 septembre, une déclaration pour oublier les torts des parlemens et les rappeler ; comment ce nouveau et dernier roi, vingt ans après sa naissance et son avènement au trône, rappela les parlemens qu'il trouva encore exilés. Qui eût dit que ce serait de nouvelles rebellions des parlemens, des coalitions des jeunes conseillers avec les suppôts du palais, qui causeraient, dix-neuf ans après, la destruction de la monarchie et la mort de ce même monarque dont la naissance, et puis l'avènement au trône, avaient chaque fois ressuscité les parlemens ? Quel rapprochement ! La prédiction de Louis XII, quand il disait que les suppôts du palais étaient dangereux pour le trône lui-même, ne s'est elle pas accomplie ?

que le monarque, et la vie de tous ne doit avoir d'autre sollicitude que de conserver la sienne.

Le plan si simple que j'ai indiqué pour abréger les procès, porte en même temps toutes les précautions aussi loin qu'on puisse les désirer ; car il serait difficile d'introduire dans un état un nombre de corporations moindre que celles dont il est composé.

Je suis aussi bien persuadé qu'il sera l'objet des plus profondes méditations.

Je termine une tâche des plus fatigantes, et dans laquelle mes forces ne se sont soutenues que parce que j'ai été bien pénétré que mon travail peut encore être plus utile qu'il n'a été pénible. Son utilité eût été bien plus grande, si des talens avaient été réunis à mes efforts et à mes intentions, et si j'avais eu assez de temps pour être plus court.

FIN.

TABLE DES SOMMAIRES

DE

LA MORT AUX PROCÈS.

FIN DE LA TABLE.

www.ingramcontent.com/pod-product-compliance
Ingram Content Group UK Ltd.
Pitfield, Milton Keynes, MK11 3LW, UK
UKHW021049230726
13926UKWH00004B/1748